The Rain of Blood

The Rain of Blood

A Story in Simplified Chinese and Pinyin,
1800 Word Vocabulary Level
Includes English Translation

Book 21 of the *Journey to the West* Series

Written by Jeff Pepper
Chinese Translation by Xiao Hui Wang

Based on chapters 62 through 64 of the original Chinese
novel *Journey to the West* by Wu Cheng'en

This is a work of fiction. Names, characters, organizations, places, events, locales, and incidents are either the products of the author's imagination or used in a fictitious manner. Any resemblance to actual persons, living or dead, or actual events is purely coincidental.

Copyright © 2021 – 2022 by Imagin8 Press LLC, all rights reserved.

Published in the United States by Imagin8 Press LLC, Verona, Pennsylvania, US. For information, contact us via email at info@imagin8press.com or visit www.imagin8press.com.

Our books may be purchased directly in quantity at a reduced price, visit www.imagin8press.com for details.

Imagin8 Press, the Imagin8 logo and the sail image are all trademarks of Imagin8 Press LLC.

Written by Jeff Pepper
Chinese translation by Xiao Hui Wang
Cover design by Katelyn Pepper and Jeff Pepper
Book design by Jeff Pepper
Artwork by Next Mars Media, Luoyang, China
Audiobook narration by Junyou Chen

Based on the original 16th century Chinese novel by Wu Cheng'en

ISBN: 978-1952601767
Version 06

Acknowledgements

We are deeply indebted to the late Anthony C. Yu for his incredible four-volume translation, *The Journey to the West* (University of Chicago Press, 1983, revised 2012).

We have also referred frequently to another unabridged translation, William J.F. Jenner's *The Journey to the West* (Collinson Fair, 1955; Silk Pagoda, 2005), as well as the original Chinese novel 西游记 by Wu Cheng'en (People's Literature Publishing House, Beijing, 1955). And we've gathered valuable background material from Jim R. McClanahan's *Journey to the West Research Blog* (www.journeytothewestresearch.com).

And many thanks to the team at Next Mars Media for their terrific illustrations, Jean Agapoff for her careful proofreading, and Junyou Chen for his wonderful audiobook narration.

Audiobook

A complete Chinese language audio version of this book is available free of charge. To access it, go to YouTube.com and search for the Imagin8 Press channel. There you will find free audiobooks for this and all the other books in this series.

You can also visit our website, www.imagin8press.com, to find a direct link to the YouTube audiobook, as well as information about our other books.

Preface

Here's a summary of the events of the previous books in the Journey to the West *series. The numbers in brackets indicate in which book in the series the events occur.*

Thousands of years ago, in a magical version of ancient China, a small stone monkey is born on Flower Fruit Mountain. Hatched from a stone egg, he spends his early years playing with other monkeys. They follow a stream to its source and discover a secret room behind a waterfall. This becomes their home, and the stone monkey becomes their king. After several years the stone monkey begins to worry about the impermanence of life. One of his companions tells him that certain great sages are exempt from the wheel of life and death. The monkey goes in search of these great sages, meets one and studies with him, and receives the name Sun Wukong. He develops remarkable magical powers, and when he returns to Flower Fruit Mountain he uses these powers to save his troop of monkeys from a ravenous monster. *[Book 1]*

With his powers and his confidence increasing, Sun Wukong manages to offend the underwater Dragon King, the Dragon King's mother, all ten Kings of the Underworld, and the great Jade Emperor himself. Finally, goaded by a couple of troublemaking demons, he goes too far, calling himself the Great Sage Equal to Heaven and sets events in motion that cause him some serious trouble. *[Book 2]*

Trying to keep Sun Wukong out of trouble, the Jade Emperor gives him a job in heaven taking care of his Garden of Immortal Peaches, but the monkey cannot stop himself from eating all the peaches. He impersonates a great Immortal and crashes a party in Heaven, stealing the guests' food and drink and barely escaping to his loyal troop of monkeys back on

Earth. In the end he battles an entire army of Immortals and men, and discovers that even calling himself the Great Sage Equal to Heaven does not make him equal to everyone in Heaven. As punishment, the Buddha himself imprisons him under a mountain. *[Book 3]*

Five hundred years later, the Buddha decides it is time to bring his wisdom to China, and he needs someone to lead the journey. A young couple undergo a terrible ordeal around the time of the birth of their child Xuanzang. The boy grows up as an orphan but at age eighteen he learns his true identity, avenges the death of his father and is reunited with his mother. Xuanzang will later fulfill the Buddha's wish and lead the journey to the west. *[Book 4]*

Another storyline starts innocently enough, with two good friends chatting as they walk home after eating and drinking at a local inn. One of the men, a fisherman, tells his friend about a fortuneteller who advises him on where to find fish. This seemingly harmless conversation between two minor characters triggers a series of events that eventually cost the life of a supposedly immortal being, and cause the great Tang Emperor himself to be dragged down to the underworld. He is released by the Ten Kings of the Underworld, but is trapped in hell and only escapes with the help of a deceased courtier. *[Book 5]*

Barely making it back to the land of the living, the Emperor selects the young monk Xuanzang to undertake the journey, after being strongly influenced by the great bodhisattva Guanyin. The young monk sets out on his journey. After many difficulties his path crosses that of Sun Wukong, and the monk releases him from his prison under a mountain. Sun Wukong becomes the monk's first disciple. *[Book 6]*

As their journey gets underway, they encounter a mysterious

river-dwelling dragon, then run into serious trouble while staying in the temple of a 270 year old abbot. Their troubles deepen when they meet the abbot's friend, a terrifying black bear monster, and Sun Wukong must defend his master. *[Book 7]*

The monk, now called Tangseng, acquires two more disciples. The first is the pig-man Zhu Bajie, the embodiment of stupidity, laziness, lust and greed. In his previous life, Zhu was the Marshal of the Heavenly Reeds, responsible for the Jade Emperor's entire navy and 80,000 sailors. Unable to control his appetites, he got drunk at a festival and attempted to seduce the Goddess of the Moon. The Jade Emperor banished him to earth, but as he plunged from heaven to earth he ended up in the womb of a sow and was reborn as a man-eating pig monster. He was married to a farmer's daughter, but fights with Sun Wukong and ends up joining and becoming the monk's second disciple. *[Book 8]*

Sha Wujing was once the Curtain Raising Captain but was banished from heaven by the Yellow Emperor for breaking an extremely valuable cup during a drunken visit to the Peach Festival. The travelers meet Sha and he joins them as Tangseng's third and final disciple. The four pilgrims arrive at a beautiful home seeking a simple vegetarian meal and a place to stay for the night. What they encounter instead is a lovely and wealthy widow and her three even more lovely daughters. This meeting is, of course, much more than it appears to be, and it turns into a test of commitment and virtue for all of the pilgrims, especially for the lazy and lustful pig-man Zhu Bajie. *[Book 9]*

Heaven continues to put more obstacles in their path. They arrive at a secluded mountain monastery which turns out to be the home of a powerful master Zhenyuan and an ancient and magical ginseng tree. As usual, the travelers' search for a nice hot meal and a place to sleep quickly turns into a disaster. Zhenyuan has gone away for a few days and has left his two youngest disciples in charge. They welcome the travelers, but soon there are misunderstandings, arguments, battles in the sky, and before long the travelers are facing a powerful and extremely angry adversary, as well as mysterious magic fruits and a large frying pan full of hot oil. *[Book 10]*

Next, Tangseng and his band of disciples come upon a strange pagoda in a mountain forest. Inside they discover the fearsome Yellow Robed Monster who is living a quiet life with his wife and their two children. Unfortunately the monster has a bad habit of ambushing and eating travelers. The travelers find themselves drawn into a story of timeless love and complex lies as they battle for survival against the monster and his allies. *[Book 11]*

The travelers arrive at level Top Mountain and encounter their most powerful adversaries yet: Great King Golden Horn and his younger brother Great King Silver Horn. These two monsters, assisted by their elderly mother and hundreds of well-armed demons, attempt to capture and liquefy Sun Wukong, and eat the Tang monk and his other disciples. *[Book 12]*

The monk and his disciples resume their journey. They stop to rest at a mountain monastery in Black Rooster Kingdom, and Tangseng is visited in a dream by someone claiming to be the ghost of a murdered king. Is he telling the truth or is he actually a demon in disguise? Sun Wukong offers to sort things out with his iron rod. But things do not go as planned. *[Book 13]*

While traveling the Silk Road, Tangseng and his three disciples encounter a young boy hanging upside down from a tree. They rescue him only to discover that he is really Red Boy, a powerful and malevolent demon and, it turns out, Sun Wukong's nephew. The three disciples battle the demon but soon discover that he can produce deadly fire and smoke which nearly kills Sun Wukong. *[Book 14]*

leaving Red Boy with the bodhisattva Guanyin, the travelers continue to the wild country west of China. They arrive at a strange city where Daoism is revered and Buddhism is forbidden. Sun Wukong gleefully causes trouble in the city, and finds himself in a series of deadly competitions with three Daoist Immortals. *[Book 15]*

Continuing westward, The Monkey King Sun Wukong leads the Tang monk and his two fellow disciples westward until they come to a village where the people live in fear of the Great Demon King who demands two human sacrifices each year. Sun Wukong and the pig-man Zhu Bajie try to trick the Demon King but soon discover that the Demon King has clever plans of his own. *[Book 16]*

Several months later, Sun Wukong steals rice from an elderly villager's kitchen, then Zhu Bajie takes three silk vests from a seemingly abandoned tower. These small crimes trigger a violent confrontation with a monster who uses a strange and powerful weapon to disarm and defeat the disciples. Helpless and out of options, Sun Wukong must journey to Thunderclap Mountain and beg the Buddha himself for help. *[Book 17]*

Springtime comes and the travelers run into difficulties and temptations in a nation of women and girls. First, Tangseng and Zhu become pregnant after drinking from the Mother and Child River. Later, the nation's queen meets Tangseng and pressures him to marry her. He barely escapes that fate, only to be kidnapped by a powerful female demon who takes him to her cave and tries to seduce him. The travelers must use all their tricks and strength to escape. *[Book 18]*

Continuing their journey, Tangseng has harsh words for the monkey king Sun Wukong. His pride hurt, Sun Wukong complains to the Bodhisattva Guanyin and asks to be released from his service to the monk. She refuses his request. This leads to a case of mistaken identity and an earthshaking battle that begins in the sky over the monkey's home on Flower Fruit Mountain, moves through the palaces of heaven and the depths of the underworld, and ends in front of the Buddha himself. *[Book 19]*

The four travelers find their path blocked by a huge blazing mountain eight hundred miles wide. Tangseng refuses to go around it, so Sun Wukong must discover why the mountain is on fire and how they can cross it. He soon learns that he himself caused the mountain to ignite five centuries earlier. But finding out how to extinguish the blaze is a far more difficult and dangerous task. *[Book 20]*

After extinguishing the fire on the mountain, the four travelers continue on their journey to the west...

The Rain of Blood
血雨

Dì 62 Zhāng

Wǒ de háizi, zuótiān wǎnshàng wǒ gàosù nǐ guānyú Tángsēng hé sān gè túdì de gùshì. Tāmen yòng mó shàn miè le Shān Huǒ. Tāmen huīzhe mó shàn, ránshāo de shān biàn liáng le, tiānshàng xià le yǔ. Shuǐhuǒ héxié, yīnyáng pínghéng. Sì gè yóurén de xīn dōu hěn ānjìng. Tāmen yìdiǎn dānxīn dōu méiyǒu, guò le liáng liáng de shān, jìxù xiàng xīxíng.

Qiūtiān yǐjīng yào jiéshù le, xiànzài shì dōngtiān de kāishǐ. Zǎochén, tāmen kàndào dìshàng de shuāng. Bīng chūxiàn zài xiǎo xī hé héliú de ànshàng. Báitiān, tiān qíng míngliàng. Wǎnshàng, tāmen kěyǐ kàndào tiānkōng zhōng jǐ qiān kē xīngxīng.

Jīngguò jǐ gè xīngqí de lǚtú, tāmen lái dào le yígè dà chéngshì. Chéngshì de sìzhōu shì yìtiáo hěn kuān de hùchénghé. Yízuò qiáo chuānguò hùchénghé, tōng xiàng yí duì dà chéng mén. Yóurénmen kàndào jiēdào hěn gānjìng. Fángzi de chuānghù shàng fàngzhe huā. Tāmen néng tīngdào

第 62 章

我的孩子,昨天晚上我告诉你关于唐僧和三个徒弟的故事。他们用魔扇灭了山火。他们挥着魔扇,燃烧的山变凉了,天上下了雨。水火和谐[1],阴阳平衡[2]。四个游人的心都很安静。他们一点担心都没有,过了凉凉的山,继续向西行。

秋天已经要结束了,现在是冬天的开始。早晨,他们看到地上的霜。冰出现在小溪和河流的岸上。白天,天晴明亮。晚上,他们可以看到天空中几千颗星星。

经过几个星期的旅途,他们来到了一个大城市。城市的四周是一条很宽的护城河[3]。一座桥穿过护城河,通向一对大城门。游人们看到街道很干净。房子的窗户上放着花。他们能听到

---

[1] 和谐　héxié – harmony
[2] 平衡　pínghéng – balance
[3] 护城河　hùchénghé – moat

xiǎo jiǔdiàn lǐ chànggē de shēngyīn.

Tángsēng duì tā de túdìmen shuō, "Zhè shì yígè dà chéngshì. Tā kànqǐlái xiàng yígè qiángdà guówáng de jiā."

Zhū rén Zhū Bājiè xiàozhe shuō, "Zhè zhǐshì yígè chéngshì. Nǐ zěnme néng kànchūlái zhè shì yígè guówáng de jiā?"

"Nǐ kàn kàn ba," Sūn Wùkōng shuō. "Wéizhe zhège chéngshì de qiáng kěnéng yǒu yìbǎi lǐ cháng. Tā zhìshǎo yǒu shí gè mén. Kàn kàn zhèxiē fángzi, tāmen nàyàng de gāo, tāmen de dǐng dōu bèi yún zhēzhù le. Shīfu shuōdé duì, zhè yídìng shì yígè dàwáng de jiā."

Tāmen guò le qiáo, jìn le chéng lǐ. Kàn le sìzhōu, tāmen kàndào rénmen kànqǐlái hěn jiànkāng, chuānzhe piàoliang de yīfu. Dànshì, dāng tāmen zài wǎng qián zǒu, tāmen kàndào yìqún chuānzhe jiù suì bù de héshang. Héshangmen zài yìjiā yìjiā de yāofàn.

Tángsēng kànzhe héshang, shuō, "Tùzi sǐ le, húli kū le.

小酒店里唱歌的声音。

<u>唐僧</u>对他的徒弟们说，"这是一个大城市。它看起来像一个强大国王的家。"

猪人<u>猪八戒</u>笑着说，"这只是一个城市。你怎么能看出来这是一个国王的家？"

"你看看吧，"<u>孙悟空</u>说。"围着这个城市的墙可能有一百里长。它至少有十个门。看看这些房子，它们那样的高，它们的顶都被云遮住了。师父说得对，这一定是一个大王的家。"

他们过了桥，进了城里。看了四周，他们看到人们看起来很健康，穿着漂亮的衣服。但是，当他们再往前走，他们看到一群穿着旧碎布的和尚。和尚们在一家一家的要饭。

<u>唐僧</u>看着和尚，说，"兔子死了，狐狸哭了[4]。

---

[4] This is an old Chinese expression, 兔死狐悲 (tùsǐhúbēi, literally, "rabbit dead fox sad"). It describes the sadness you feel when someone like yourself encounters misfortune because you worry that the same misfortune might come to you too.

Wùkōng, qù wèn wèn nàxiē kělián de héshang, wèishénme tāmen zài yàofàn, hái chuānzhe jiù suì bù."

Sūn Wùkōng zǒu dào tāmen miànqián, wèn dào, "Héshang xiōngdì, nǐmen kànqǐlái hěn qióng, hěn bù kāixīn. Nǐmen wèishénme zài shòudào tòngkǔ?"

Yí wèi héshang huídá shuō, "Bàba, wǒ kàn nǐ shì cóng lìng yígè guójiā lái de. Wǒmen shì Jīnguāng Sì de héshang. Wǒmen zhàn zài jiēdào shàng tán zhè jiàn shì shì bù ānquán de. Qǐng hé wǒmen yìqǐ qù sìmiào, wǒ huì jiěshì yíqiè."

Yóurénmen hé chuānzhe suì bù de héshangmen yìqǐ zǒu dào Jīnguāng Sì. Tāmen zǒu jìn le sìmiào. Tángsēng kàn le sìzhōu. Nà shì yízuò dà sìmiào. Tā zhīqián hěn piàoliang, dàn xiànzài, sìmiào lǐ méiyǒu le héshang. Dìshàng mǎn shì tǔ, qiáng shàng dōu shì huī, dàdiàn lǐ yípiàn ānjìng. Zhǐyǒu jǐ zhī niǎo fēi guò dàdiàn de shēngyīn.

Tāmen jìnrù dàdiàn. Zài dàdiàn de hòumiàn, jǐ gè niánqīng de héshang bèi suǒ zài zhùzi shàng. Tángsēng kàndào zhè yíqiè, kū le qǐlái.

悟空，去问问那些可怜的和尚，为什么他们在要饭，还穿着旧碎布。"

孙悟空走到他们面前，问道，"和尚兄弟，你们看起来很穷，很不开心。你们为什么在受到痛苦？"

一位和尚回答说，"爸爸，我看你是从另一个国家来的。我们是金光寺的和尚。我们站在街道上谈这件事是不安全的。请和我们一起去寺庙，我会解释一切。"

游人们和穿着碎布的和尚们一起走到金光寺。他们走进了寺庙。唐僧看了四周。那是一座大寺庙。它之前很漂亮，但现在，寺庙里没有了和尚。地上满是土，墙上都是灰，大殿里一片安静。只有几只鸟飞过大殿的声音。

他们进入大殿。在大殿的后面，几个年轻的和尚被锁在柱子上。唐僧看到这一切，哭了起来。

Yígè héshang shuō, "Bàba, qǐng gàosù wǒ, nǐmen shì cóng dōngfāng Táng dìguó lái de yóurén ma?"

Sūn Wùkōng tīngdào zhège, hěn chījīng. Tā duì héshang shuō, "Xiōngdì, nǐ shì zěnme zhīdào de? Nǐ yǒu mólì ma?"

"Wǒmen méiyǒu mólì. Dànshì wǒmen shòudào hěn dà de tòngkǔ. Wǒmen měitiān dōu xiàng tiāndì qǐngqiú bāngzhù. Zuótiān wǎnshàng, wǒmen měigè rén dōu zuò le xiāngtóng de mèng. Zài wǒmen de mèng lǐ, wǒmen bèi gàosù, shuō yǒu yí wèi shèng sēng huì cóng Táng dìguó lái, jiù wǒmen de shēngmìng. Jīntiān nǐ lái le!"

"Wǒmen kěnéng kěyǐ bāngzhù nǐmen," Tángsēng shuō. "Qǐng gàosù wǒmen nǐmen de wèntí."

"Shèng fù, zhège chéngshì jiào Jìsài Wángguó. Wǒmen bèi qítā sì gè wángguó bāowéizhe. Zài guòqù de jǐ nián lǐ, suǒyǒu sì gè línjū wángguó dōu gěi le wǒmen gòngpǐn qián. Wǒmen búyòng hé tāmen zhàndòu."

一个和尚说，"爸爸，请告诉我，你们是从东方<u>唐</u>帝国来的游人吗？"

<u>孙悟空</u>听到这个，很吃惊。他对和尚说，"兄弟，你是怎么知道的？你有魔力吗？"

"我们没有魔力。但是我们受到很大的痛苦。我们每天都向天地请求帮助。昨天晚上，我们每个人都做了相同的梦。在我们的梦里，我们被告诉，说有一位圣僧会从<u>唐</u>帝国来，救我们的生命。今天你来了！"

"我们可能可以帮助你们，"<u>唐僧</u>说。"请告诉我们你们的问题。"

"圣父，这个城市叫<u>祭赛</u>王国。我们被其他四个王国包围着。在过去的几年里，所有四个邻居王国都给了我们<u>贡品</u>[5]钱。我们不用和他们战斗。"

---

[5] 贡品　　gòngpǐn – tribute, a payment made by one nation to another as a sign of dependence

Tángsēng shuō, "Rúguǒ tāmen gěi nǐmen gòngpǐn, tāmen zūnjìng nǐmen, hàipà nǐmen. Nǐmen yídìng yǒu yígè zhèngzhí de guówáng, hǎo de dàchén hé qiángdà de jūnduì."

"Shèng fù, wǒmen de guówáng bú zhèngzhí, wǒmen de dàchén bù hǎo, wǒmen de jūnduì yě bù qiángdà. Wǒmen de línjū gěi wǒmen gòngpǐn, shì yīnwèi zhè zuò Jīnguāng Sì. Báitiān, měilì de cǎiyún chūxiàn zài sìmiào de shàngkōng. Yèwǎn, sìmiào de guāng zhào dào qiān lǐ zhī wài. Suǒyǒu sì gè wángguó dōu kàndào zhè, suǒyǐ tāmen gěi wǒmen gòngpǐn."

"Zhè tīngqǐlái hěn búcuò," Tángsēng shuō.

"Shì de, nà shì fēicháng de búcuò. Dàn sān nián qián, zài dōngtiān de dì yī gè shēnyè, fāshēng le yì chǎng xuè yǔ. Zhěnggè chéngshì dōu xiàzhe xuè yǔ, xuè yǔ gài mǎn le zhè zuò sìmiào. Sìmiào lǐ dōu shì xuè. Zhè zhīhòu, báitiān bú zài chūxiàn cǎiyún. Yèwǎn yě méiyǒu le guāng. Sì gè wángguó jiàn le zhè, tāmen jiù tíngzhǐ gěi wǒmen gòngpǐn. Guówáng bù míngbái fāshēng le shénme shì. Tā de dàchénmen yě bù míngbái, dàn tāmen bìxū gàosù guówáng fāshēng le shénme. Suǒ

唐僧说，"如果他们给你们贡品，他们尊敬你们，害怕你们。你们一定有一个正直的国王，好的大臣和强大的军队。"

"圣父，我们的国王不正直，我们的大臣不好，我们的军队也不强大。我们的邻居给我们贡品，是因为这座金光寺。白天，美丽的彩云出现在寺庙的上空。夜晚，寺庙的光照到千里之外。所有四个王国都看到这，所以他们给我们贡品。"

"这听起来很不错，"唐僧说。

"是的，那是非常的不错。但三年前，在冬天的第一个深夜，发生了一场血雨。整个城市都下着血雨，血雨盖满了这座寺庙。寺庙里都是血。这之后，白天不再出现彩云。夜晚也没有了光。四个王国见了这，他们就停止给我们贡品。国王不明白发生了什么事。他的大臣们也不明白，但他们必须告诉国王发生了什么。所

yǐ tāmen gàosù guówáng, zhè zuò sìmiào de héshang cóng sìmiào lǐ tōu le bǎobèi. Guówáng xiāngxìn le tāmen de gùshì. Tā mìnglìng bǎ wǒmen zhuā qǐlái, dǎ wǒmen, yòng suǒliàn bǎ wǒmen suǒ qǐlái. Dàduōshù héshang xiànzài dōu sǐ le, wǒmen zhōng zhǐyǒu jǐ gè rén hái huózhe. Wǒmen qiú nǐ jiù jiù wǒmen de shēngmìng, jiù jiù wǒmen de sìmiào!"

Tángsēng jǐ fēnzhōng méiyǒu shuōhuà, zài xiǎngzhe. Ránhòu tā shuō, "Wǒ xiǎngjiàn nǐmen de guówáng, zhèyàng tā jiù kěyǐ qiānshǔ wǒmen de tōngguān wénshū. Dànshì, wǒ bù míngbái zhèlǐ fāshēng le shénme. Wǒ hěn nán hé nǐmen de guówáng tán zhè jiàn shì. Suǒyǐ, wǒ xiǎng xiān xǐzǎo, chī xiē wǎnfàn. Ránhòu, qǐng gěi wǒ yì bǎ sàozhǒu. Wǒ yào dǎsǎo nǐmen de bǎotǎ. Ránhòu wǒ kěnéng kěyǐ zhīdào shì shénme zàochéng le xuè yǔ. Rúguǒ wǒ míngbái le zhè jiàn shì, wǒ jiù nénggòu hé nǐmen de guówáng tán, shìzhe bāngzhù nǐmen."

Héshangmen xiǎng wèi Tángsēng zhǔnbèi xǐzǎo de dōngxi, gěi yóurénmen zhǔnbèi wǎnfàn, dàn tāmen bùnéng, yīnwèi tāmen bèi suǒ zài dàdiàn hòu

以他们告诉国王,这座寺庙的和尚从寺庙里偷了宝贝。国王相信了他们的故事。他命令把我们抓起来、打我们,用锁链[6]把我们锁起来。大多数和尚现在都死了,我们中只有几个人还活着。我们求你救救我们的生命,救救我们的寺庙!"

唐僧几分钟没有说话,在想着。然后他说,"我想见你们的国王,这样他就可以签署我们的通关文书。但是,我不明白这里发生了什么。我很难和你们的国王谈这件事。所以,我想先洗澡,吃些晚饭。然后,请给我一把扫帚[7]。我要打扫你们的宝塔。然后我可能可以知道是什么造成了血雨。如果我明白了这件事,我就能够和你们的国王谈,试着帮助你们。"

和尚们想为唐僧准备洗澡的东西,给游人们准备晚饭,但他们不能,因为他们被锁在大殿后

---

[6] 链　　liàn – chain
[7] 扫帚　sàozhǒu – broom

miàn de zhùzi shàng. Sūn Wùkōng kàndào le zhège, tā huīdòng tā de shǒu, yòng tā de kāisuǒ mófǎ. Suǒ mǎshàng bèi dǎkāi le, héshang shēnshang de suǒliàn diào zài dìshàng.

Sì gè yóurén chī le héshang zhǔnbèi de sùshí wǎnfàn. Ránhòu Tángsēng duì tāmen shuō, "Nǐmen dōu yīnggāi qù shuìjiào. Ràng wǒ lái dǎsǎo bǎotǎ." Tā tuō xià tā de sēngyī, chuān shàng yí jiàn lǐmiàn chuān de cháng chènshān, bǎng shàng yì gēn sīchóu dàizi, ná qǐ sàozhǒu, qù dǎsǎo bǎotǎ.

Sūn Wùkōng shuō, "Shīfu, zhè chǎng xuè yǔ shì yóu xié'è de mófǎ zàochéng de. Shuí zhīdào zhège bǎotǎ lǐ zhùzhe shénme xié'è de shēngwù? Qǐng ràng wǒ bāng nǐ dǎsǎo bǎotǎ." Tángsēng tóngyì le. Hóu wáng ná qǐ lìng yì bǎ sàozhǒu. Tāmen yìqǐ zǒu jìn le dàdiàn. Tángsēng diǎn le xiāng, qídǎo fózǔ gàosù tāmen, xié'è de xuè yǔ cóng nǎlǐ lái. Ránhòu tāmen kāishǐ dǎsǎo bǎotǎ.

Bǎotǎ hěn gāo, yǒu shísān céng. Tāmen cóng yī lóu kāishǐ, dǎsǎo wán hòu, shàng le èr lóu. Tāmen jìxù yī céng yī céng de dǎsǎo bǎotǎ. Dāng tāmen dào shí lóu de shíhòu, Tángsēng yǐjīng hěn lèi le,

面的柱子上。孙悟空看到了这个，他挥动他的手，用他的开锁魔法。锁马上被打开了，和尚身上的锁链掉在地上。

四个游人吃了和尚准备的素食晚饭。然后唐僧对他们说，"你们都应该去睡觉。让我来打扫宝塔。"他脱下他的僧衣，穿上一件里面穿的长衬衫，绑上一根丝绸带子，拿起扫帚，去打扫宝塔。

孙悟空说，"师父，这场血雨是由邪恶的魔法造成的。谁知道这个宝塔里住着什么邪恶的生物？请让我帮你打扫宝塔。"唐僧同意了。猴王拿起另一把扫帚。他们一起走进了大殿。唐僧点了香，祈祷佛祖告诉他们，邪恶的血雨从哪里来。然后他们开始打扫宝塔。

宝塔很高，有十三层。他们从一楼开始，打扫完后，上了二楼。他们继续一层一层的打扫宝塔。当他们到十楼的时候，唐僧已经很累了，

tā zài yě zhàn bù qǐlái le. "Shīfu," Sūn Wùkōng shuō, "nǐ lèi le. Qǐng ràng wǒ lái wánchéng zuìhòu de sān céng." Tángsēng tóngyì le, tā zuò xiàlái xiūxí. Hěn kuài tā jiù shuìzháo le.

Sūn Wùkōng bú lèi. Tā dǎsǎo le shí lóu hé shíyī lóu, ránhòu shàng le shí'èr lóu. Tā tīngdào yǒu liǎng gè rén zài shuōhuà. "Zhè hěn qíguài!" Tā shuō. "Xiànzài yǐjīng shì sān gēng le, wèishénme huì yǒurén zài bǎotǎ de dǐng shàng?" Tā qiāoqiāo de fàngxià sàozhǒu, fēi chū chuāngwài, fēi dào dǐnglóu. Zài shísān lóu de dìshàng, zuòzhe liǎng gè yāoguài jīng. Zài tāmen miànqián de dìshàng, yǒu yì guō mǐfàn, liǎng zhī wǎn, yì hú jiǔ. Yāoguài zhèngzài wán cāiquán de yóuxì. Sūn Wùkōng bá chū tā de jīn gū bàng, duì tāmen hǎn dào, "A! Nǐmen jiùshì tōu le sìmiào bǎobèi de rén!"

Yāoguàimen tiào le qǐlái, bǎ yì guō mǐfàn hé yì hú jiǔ rēng xiàng Sūn Wùkōng. Sūn Wùkōng hěn róngyì de zǒu dào yìbiān, bìkāi fēi lái de guō hé jiǔ hú. Tā duì tāmen shuō, "Wǒ yīnggāi xiànzài jiù shā le nǐmen, dàn wǒ bú huì. Wǒ xūyào nǐmen huózhe, zhèyàng nǐmen jiù kěyǐ bǎ nǐmen de gùshì gàosù guówáng!"

他再也站不起来了。"师父,"孙悟空说,"你累了。请让我来完成最后的三层。"唐僧同意了,他坐下来休息。很快他就睡着了。

孙悟空不累。他打扫了十楼和十一楼,然后上了十二楼。他听到有两个人在说话。"这很奇怪!"他说。"现在已经是三更了,为什么会有人在宝塔的顶上?"他悄悄地放下扫帚,飞出窗外,飞到顶楼。在十三楼的地上,坐着两个妖怪精。在他们面前的地上,有一锅米饭,两只碗,一壶酒。妖怪正在玩猜拳的游戏。孙悟空拔出他的金箍棒,对他们喊道,"啊!你们就是偷了寺庙宝贝的人!"

妖怪们跳了起来,把一锅米饭和一壶酒扔向孙悟空。孙悟空很容易地走到一边,避开飞来的锅和酒壶。他对他们说,"我应该现在就杀了你们,但我不会。我需要你们活着,这样你们就可以把你们的故事告诉国王!"

Yāoguàimen xiàng hòutuì, zhídào tāmen dào le qiáng biān. "Qǐng búyào shā wǒmen!" Tāmen kū jiàozhe. "Wǒmen méiyǒu ná zǒu bǎobèi. Bié de rén ná zǒu le tā."

Sūn Wùkōng zhuāzhù tāmen měi gè rén de shǒubì, bǎ tāmen tuō dào shí lóu. Tā jiào xǐng Tángsēng, duì tā shuō, "Shīfu, wǒ yǐjīng zhuādào xiǎotōu le! Wǒ zài bǎotǎ de dǐnglóu fāxiàn le tāmen. Tāmen zài wán cāiquán yóuxì, chīzhe mǐfàn, hēzhe jiǔ. Wǒ xiǎng shā le tāmen, dàn wǒ juédìng ràng tāmen huózhe, zhèyàng tāmen jiù kěyǐ gàosù nǐ tāmen bǎ sìmiào de bǎobèi fàng zài nǎlǐ."

Zài Tángsēng xiǎng yào shuō shénme zhīqián, yígè yāoguài kāishǐ shuōhuà. "Qǐng búyào shā wǒmen! Wǒ huì gàosù nǐ suǒyǒu de shì." Tángsēng zhǐshì jìng jìng de děngzhe.

Yāoguài jìxù shuō, "Wǒ jiào Bàbō Er Bēn, wǒ péngyǒu de míngzì shì Bēnbō Er Bà. Wǒmen dōu shì yú jīng. Wǒmen bèi Wànshèng Lóngwáng sòng dào zhèlǐ. Tā zhù zài Bìbō Xièhú. Lóngwáng yǒu yígè piàoliang de nǚ'ér. Tā hé yígè hěn lìhài de móshù shī jié le hūn, mó

妖怪们向后退，直到他们到了墙边。"请不要杀我们！"他们哭叫着。"我们没有拿走宝贝。别的人拿走了它。"

孙悟空抓住他们每个人的手臂，把他们拖到十楼。他叫醒唐僧，对他说，"师父，我已经抓到小偷了！我在宝塔的顶楼发现了他们。他们在玩猜拳游戏，吃着米饭，喝着酒。我想杀了他们，但我决定让他们活着，这样他们就可以告诉你他们把寺庙的宝贝放在哪里。"

在唐僧想要说什么之前，一个妖怪开始说话。"请不要杀我们！我会告诉你所有的事。"唐僧只是静静地等着。

妖怪继续说，"我叫灞波儿奔，我朋友的名字是奔波儿灞。我们都是鱼精。我们被万圣龙王送到这里。他住在绿波泻湖。龙王有一个漂亮的女儿。她和一个很厉害的魔术师[8]结了婚，魔

---

[8] 魔术师　móshù shī – magician

shù shī jiào Jiǔ Tóu. Liǎng nián qián, Jiǔ Tóu gěi zhè zuò sìmiào dài lái le yì chǎng xuè yǔ. Ránhòu, tā tōuzǒu le sìmiào de bǎobèi, fózǔ de shèlì. Ránhòu lóngwáng de nǚ'ér qù le tiāntáng, tōu le yígè jiǔ yè shénqí mógū. Xiànzài, shèlì hé shénqí mógū dōu zài xièhú dǐxia. Tāmen xíngchéng měilì de wùqì hé míngliàng de guāng, ràng lóngwáng, tā de nǚ'ér hé móshù shī fēicháng xiǎngshòu."

"Wǒ zhīdào zhège Wànshèng Lóngwáng," Sūn Wùkōng duì Tángsēng shuō. "Tā jiùshì nàge yāoqǐng Niú Mówáng cānjiā shuǐ xià yànhuì de rén. Wǒ kànjiànguò tā de lǜsè xièhú." Ránhòu tā zhuǎnxiàng Bēnbō Er Bà, shuō, "Nǐ wèishénme zài bǎotǎ lǐ?"

"Zuìjìn, wǒmen tīngshuō yì zhī jiào Sūn Wùkōng de qiángdà de hóuzi yào lái zhèlǐ. Lóngwáng ràng wǒmen zài zhèlǐ kànzhe, zhèyàng dāng tā lái dào de shíhòu, wǒmen jiù kěyǐ bǎ zhè bàogào gěi lóngwáng."

Jiù zài zhèshí, Zhū Bājiè lái le. Sūn Wùkōng gěi tā jiǎng le liǎng gè

术师叫<u>九头</u>。两年前，<u>九头</u>给这座寺庙带来了一场血雨。然后，他偷走了寺庙的宝贝，佛祖的舍利[9]。然后龙王的女儿去了天堂，偷了一个九叶神奇蘑菇[10]。现在，舍利和神奇蘑菇都在泻湖[11]底下。它们形成美丽的雾气和明亮的光，让龙王、他的女儿和魔术师非常享受。"

"我知道这个<u>万圣</u>龙王，"<u>孙悟空</u>对<u>唐僧</u>说。"他就是那个<u>邀请牛魔</u>王参加水下宴会的人。我看见过他的绿色泻湖[12]。"然后他转向<u>奔波儿灞</u>，说，"你为什么在宝塔里？"

"最近，我们听说一只叫<u>孙悟空</u>的强大的猴子要来这里。龙王让我们在这里看着，这样当他来到的时候，我们就可以把这报告给龙王。"

就在这时，<u>猪八戒</u>来了。<u>孙悟空</u>给他讲了两个

---

[9] 舍利　shèlì – sarira. In Chinese Buddhist tradition, this is a saint's relic, part of his or her body that remains after the saint is cremated. Usually it is shaped like an egg or pearl.
[10] 蘑菇　mógū – mushroom
[11] 泻湖　xièhú – lagoon
[12] Sun Wukong visited the lagoon in *The Burning Mountain*.

yú jīng hé Wànshèng Lóngwáng de shìqing. Zhū fēikuài de náchū tā de bàzi, zhǔnbèi bǎ tā zá zài yú jīng de tóu shàng. Dàn Sūn Wùkōng shuō, "Xiǎo xiōngdì, nǐ hái méiyǒu bǎ zhè xiǎng hǎo. Wǒmen yào zhè liǎng gè yú jīng huózhe, zhèyàng tāmen jiù kěyǐ bǎ tāmen de gùshì gàosù guówáng."

"Hǎoba," Zhū shuō. "Dàn wǒ zhēnde hěn xiǎng yòng zhè liǎng gè yú jīng wèi héshang zuò yìxiē yú tāng."

Yǐjīng shì shēnyè le, Sūn Wùkōng hé Zhū dàizhe liǎng gè yú jīng, lái dào sìmiào. Jǐ gè héshang zǒu zài tāmen miànqián, gāojǔzhe dēnglóng. Dāng tāmen lái dào sìmiào de dàdiàn shí, Sūn Wùkōng shuō, "Yòng tiě liàn bǎ zhè liǎng rén kǔn qǐlái. Bǎ tāmen guāndào míngtiān zǎoshàng. Wǒmen xiànzài qù shuìjiào le." Ránhòu, yóurénmen qù xiūxí, héshang kànzhe liǎng gè yú jīng.

Zǎochén, Tángsēng chuānshàng tā zuì hǎo de sēngyī, dài shàng màozi, qù gōngdiàn jiàn guówáng. Sūn Wùkōng chuānzhe tā de hǔ pí hé sīchóu chènshān. "Wǒmen yào búyào dài yú jīng qù jiàn guówáng?" Tā wèn.

"Búyào," Tángsēng huídá. "Ràng wǒmen xiān hé guówáng tán

鱼精和万圣龙王的事情。猪飞快地拿出他的耙子，准备把它砸在鱼精的头上。但孙悟空说，"小兄弟，你还没有把这想好。我们要这两个鱼精活着，这样他们就可以把他们的故事告诉国王。"

"好吧，"猪说。"但我真的很想用这两个鱼精为和尚做一些鱼汤。"

已经是深夜了，孙悟空和猪带着两个鱼精，来到寺庙。几个和尚走在他们面前，高举着灯笼。当他们来到寺庙的大殿时，孙悟空说，"用铁链把这两人捆起来。把他们关到明天早上。我们现在去睡觉了。"然后，游人们去休息，和尚看着两个鱼精。

早晨，唐僧穿上他最好的僧衣，戴上帽子，去宫殿见国王。孙悟空穿着他的虎皮和丝绸衬衫。"我们要不要带鱼精去见国王？"他问。

"不要，"唐僧回答。"让我们先和国王谈

tán, ràng tā zhīdào fāshēng le shénme shì. Rúguǒ tā xiǎng dehuà, tā kěyǐ ràng rén qù bǎ tāmen dài lái."

Tāmen liǎng rén zǒu jìn le guówáng de gōngdiàn. Dāng tāmen lái dào dōng mén shí, Tángsēng duì yí wèi guānyuán shuō, "Qǐng gàosù guówáng, zhè wèi qióng héshang shì Táng huángdì sòng lái de, qù xītiān qǔ fójīng. Wǒmen xiǎng qǐng guówáng qiānshǔ wǒmen de tōngguān wénshū." Nà wèi guānyuán bǎ zhè gàosù le guówáng, guówáng tóngyì jiàn tāmen.

Tángsēng hé Sūn Wùkōng jìnrù le bǎozuò fángjiān. Bǎozuò fángjiān lǐ de rén kàndào Sūn Wùkōng jiù biànde fēicháng hàipà. Tángsēng xiàng bǎozuò dīdī de jūgōng, dàn Sūn Wùkōng zhǐshì shuāng bì jiāochā, zhàn zài nàlǐ. Tā méiyǒu jūgōng. Tángsēng shuō, "Bìxià, wǒmen bèi Táng huángdì sòng qù xītiān, qǔ fójīng. Wǒmen de lǚtú bǎ wǒmen dài dào le nǐ zūnjìng de wángguó, méiyǒu nǐ qiānshǔ de tōngguān wénshū, wǒmen bù gǎn zǒuguò nǐ de wángguó."

Guówáng dǎkāi tā de shǒu. Tángsēng zǒuxiàng guówáng, bǎ tōngguān wénshū gěi tā. Guówáng zǐxì de dúzhe. Ránhòu tā shuō, "Nǐ de huáng

谈，让他知道发生了什么事。如果他想的话，他可以让人去把他们带来。"

他们两人走进了国王的宫殿。当他们来到东门时，唐僧对一位官员说，"请告诉国王，这位穷和尚是唐皇帝送来的，去西天取佛经。我们想请国王签署我们的通关文书。"那位官员把这告诉了国王，国王同意见他们。

唐僧和孙悟空进入了宝座房间。宝座房间里的人看到孙悟空就变得非常害怕。唐僧向宝座低低地鞠躬，但孙悟空只是双臂交叉[13]，站在那里。他没有鞠躬。唐僧说，"陛下，我们被唐皇帝送去西天，取佛经。我们的旅途把我们带到了你尊敬的王国，没有你签署的通关文书，我们不敢走过你的王国。"

国王打开他的手。唐僧走向国王，把通关文书给他。国王仔细地读着。然后他说，"你的皇

---

[13] 交叉　jiāochā – to cross

dì hěn cōngmíng de xuǎnzé le zhèyàng yígè zhèngzhí de héshang, lái wánchéng zhè cì xīyóu. Hěn búxìng, wǒmen wángguó lǐ méiyǒu zhèyàng de héshang. Wǒmen de héshang zhǐ huì tōu, gěi rénmen hé tāmen de tǒngzhì zhě dài lái shānghài."

Tángsēng wèn, "Bìxià, nǐmen de héshang shì zěnme shānghài nǐ hé nǐ wángguó de rénmen?"

"Wǒmen de wángguó shì zhè yídài de qiángguó. Yīnwèi Jīnguāng Sì de shénqí, wǒmen sì gè línjū měinián dōu gěi wǒmen gòngpǐn. Dàn sān nián qián, wǒmen de héshang tōuzǒu le sìmiào de bǎobèi. Xiànzài sì gè wángguó bú zài gěi wǒmen gòngpǐn le."

"Bìxià, zuótiān wǎnshàng, dāng zhège qióng héshang lái dào nǐ de chéngshì shí, wǒmen yùdào le yìxiē zài jiēdào shàng yàofàn de héshang. Tāmen yāoqǐng wǒmen zhù zài Jīnguāng Sì. Yèlǐ, wǒmen fāxiàn le liǎng gè yú jīng yāoguài, duǒ zài bǎotǎ lǐ. Wǒ xiāngxìn tāmen tōu le bǎobèi."

"Zhèxiē yú jīng xiànzài zài nǎlǐ?"

"Tāmen bèi suǒ zài Jīnguāng Sì lǐ."

帝很聪明地选择了这样一个正直的和尚，来完成这次西游。很不幸，我们王国里没有这样的和尚。我们的和尚只会偷，给人们和他们的统治者带来伤害。"

唐僧问，"陛下，你们的和尚是怎么伤害你和你王国的人们？"

"我们的王国是这一带的强国。因为金光寺的神奇，我们四个邻居每年都给我们贡品。但三年前，我们的和尚偷走了寺庙的宝贝。现在四个王国不再给我们贡品了。"

"陛下，昨天晚上，当这个穷和尚来到你的城市时，我们遇到了一些在街道上要饭的和尚。他们邀请我们住在金光寺。夜里，我们发现了两个鱼精妖怪，躲在宝塔里。我相信他们偷了宝贝。"

"这些鱼精现在在哪里？"

"他们被锁在金光寺里。"

"Wǒ huì ràng wǒ de shìwèi bǎ tāmen dài dào zhèlǐ."

"Hěn hǎo, dàn shìbúshì kěyǐ ràng wǒ de dà túdì hé tāmen yìqǐ qù?" Guówáng tóngyì le. Tā ràng tā de shìwèi gěi Sūn Wùkōng ná lái yì dǐng jiàozi. Bā míng qiángyǒulì de shìwèi tái qǐ jiàozi, táizhe Sūn Wùkōng, zǒu zài chéng lǐ de jiēdào shàng. Qímǎ de rén zài tāmen de qiánmiàn hé hòumiàn, hǎnzhe, "Ràng kāi!"

Tāmen lái dào le Jīnguāng Sì. Sūn Wùkōng yòng kāisuǒ mófǎ sōng kāi le liǎng gè yú jīng. Zhū zhuā zhù qízhōng yígè, lìng yígè túdì, Shā Wùjìng zhuā zhù lìng yígè. Tāmen chuānguò chéngshì, huí dào gōngdiàn, Sūn Wùkōng yòu zuò shàng le jiàozi.

Zhū hé Shā bǎ liǎng gè yú jīng dài jìn le bǎozuò fángjiān. Guówáng zǐxì de kàn le tāmen. Qízhōng yígè yú jīng, tā quánshēn shì hēisè de yúlín. Tā yǒu yì zhāng jiān zuǐ hé jiān jiān de yáchǐ. Lìng yígè yú jīng, tā pífū guānghuá, dàdùzi, dà zuǐ. Guówáng duì tāmen shuō, "Nǐmen liǎng gè kàn qǐlái xiàng yú! Nǐmen shì shuí, nǐmen láizì nǎlǐ? Nǐmen shénme shíhòu lái wǒmen wángguó de? Nǐmen

"我会让我的侍卫把他们带到这里。"

"很好,但是不是可以让我的大徒弟和他们一起去?"国王同意了。他让他的侍卫给孙悟空拿来一顶[14]轿子。八名强有力的侍卫抬起轿子,抬着孙悟空,走在城里的街道上。骑马的人在他们的前面和后面,喊着,"让开!"

他们来到了金光寺。孙悟空用开锁魔法松开了两个鱼精。猪抓住其中一个,另一个徒弟,沙悟净抓住另一个。他们穿过城市,回到宫殿,孙悟空又坐上了轿子。

猪和沙把两个鱼精带进了宝座房间。国王仔细地看了他们。其中一个鱼精,他全身是黑色的鱼鳞。他有一张尖嘴和尖尖的牙齿。另一个鱼精,他皮肤光滑,大肚子,大嘴。国王对他们说,"你们两个看起来像鱼!你们是谁,你们来自哪里?你们什么时候来我们王国的?你们

---

[14] 顶　dǐng – top, but used here as a measure word for things with tops

duì wǒmen de bǎobèi zuò le shénme? Gàosù wǒ yíqiè."

Liǎng gè yú jīng guì le xiàlái. Qízhōng yígè shuō,

"Bìxià, sān nián qián
Qī yuè de dì yī tiān
Wànshèng Lóngwáng dàolái le
Zhù zài zhège wángguó de dōngnán fāng
Tā zài Bìbō Xièhú xià jiàn le yígè jiā
Tā de nǚ'ér hěn piàoliang
Tā hé yígè qiángdà de móshù shī Jiǔ Tóu jié le hūn
Tāmen tīngshuō le bǎotǎ de bǎobèi
Tāmen sòng lái le yì chǎng xuè yǔ
Tāmen tōu zǒu le nǐ de shèlì bǎobèi
Ránhòu tāmen qù le tiāntáng
Tōuzǒu le yígè jiǔ yè shénqí mógū
Xiànzài nǐ de bǎobèi zhào liàng le lóngwáng de jiā
Qǐng búyào chéngfá wǒmen
Wǒmen búshì xiǎotōu

对我们的宝贝做了什么?告诉我一切。"

两个鱼精跪了下来。其中一个说,

"陛下,三年前
七月的第一天
<u>万圣</u>龙王到来了
住在这个王国的东南方
他在<u>绿波</u>泻湖下建[15]了一个家
他的女儿很漂亮
她和一个强大的魔术师<u>九头</u>结了婚
他们听说了宝塔的宝贝
他们送来了一场血雨
他们偷走了你的舍利宝贝
然后他们去了天堂
偷走了一个九叶神奇蘑菇
现在你的宝贝照亮了龙王的家
请不要惩罚我们
我们不是小偷

---

[15] 建　　jiàn – establish

Wǒmen zhǐshì lóngwáng de púrén
Wǒmen shuō de shì zhēn huà!"

Guówáng tīng le zhège gùshì hěn mǎnyì. Tā gàosù tā de shìwèi bǎ liǎng gè yú jīng guān jìn jiānyù. Ránhòu, tā fāchū fǎlìng, yāoqiú ná diào chéng lǐ de suǒyǒu héshang shēnshàng de suǒliàn. Tā duì Tángsēng hé Tángsēng de túdìmen shuō, "Wǒmen gǎnxiè nǐmen de bāngzhù. Wǒmen xiǎng wèi nǐmen jǔxíng yígè yànhuì. Yànhuì shàng, wǒmen yào tán tán zěnme qù zhuā lóngwáng, ná huí wǒmen de bǎobèi."

Nàtiān wǎnshàng, zài guówáng de gōngdiàn lǐ jǔxíng le yígè dà yànhuì. Tángsēng zuò zài zhǔ zhuōzi de róngyù zuòwèi shàng. Sūn Wùkōng zuò zài tā de zuǒbiān. Zhū hé Shā zuò zài tā de yòubiān. Tāmen de zhuōzi shàng fàngzhe shūcài, mǐfàn, shuǐguǒ hé chá. Guówáng zuò zài Tángsēng duìmiàn de zhuōzi páng. Guówáng de zhuōzi shàng fàngzhe xǔduō ròushí. Hái yǒu wèi qítā kèrén zhǔnbèi de yìbǎi zhāng zhuōzi.

Guówáng jǔ qǐ jiǔbēi, wèi zūnjìng de kèrén jìngjiǔ. Tángsēng bù gǎn hējiǔ, dàn tā de sān gè túdì dōu hē le xiē jiǔ. Tāmen dōu chī le dōngxi, dànshì dāngrán, Zhū bǐ biérén chī dé gèng duō.

我们只是龙王的仆人

我们说的是真话！"

国王听了这个故事很满意。他告诉他的侍卫把两个鱼精关进监狱。然后，他发出法令，要求拿掉城里的所有和尚身上的锁链。他对唐僧和唐僧的徒弟们说，"我们感谢你们的帮助。我们想为你们举行一个宴会。宴会上，我们要谈谈怎么去抓龙王，拿回我们的宝贝。"

那天晚上，在国王的宫殿里举行了一个大宴会。唐僧坐在主桌子的荣誉座位上。孙悟空坐在他的左边。猪和沙坐在他的右边。他们的桌子上放着蔬菜、米饭、水果和茶。国王坐在唐僧对面的桌子旁。国王的桌子上放着许多肉食。还有为其他客人准备的一百张桌子。

国王举起酒杯，为尊敬的客人敬酒。唐僧不敢喝酒，但他的三个徒弟都喝了些酒。他们都吃了东西，但是当然，猪比别人吃得更多。

Yànhuì kuàiyào jiéshù shí, guówáng duì Tángsēng shuō, "Zūnjìng de kèrén, wǒmen qù lìng yígè fángjiān ba. Wǒmen tán yíxià, zěnme zhuāzhù lóngwáng, ná huí wǒmen de bǎobèi."

"Bù xūyào zhèyàng zuò," Tángsēng huídá. "Wǒmen huì jiějué zhè shì. Wǒ de dà túdì, hóu wáng Sūn Wùkōng, zài zhè jiàn shì shàng shì yǒu nénglì de. Tā huì zhuāzhù xiǎotōu. Wǒ de èr túdì, zhū rén Zhū Bājiè, huì bāngzhù tā. Wǒ zuìxiǎo de túdì, Shā Wùjìng huì hé wǒ zài yìqǐ."

"Fēicháng hǎo. Wǒmen kěyǐ gěi nǐ shénme wǔqì?"

"Wǒmen bù xūyào rènhé wǔqì," Sūn Wùkōng shuō. "Wǒmen yǒu zìjǐ de wǔqì, tāmen fēicháng qiángdà. Dànshì, qǐng bǎ liǎng gè yú jīng dài lái. Wǒmen jiāng bǎ tāmen dàizhe, hé wǒmen yìqǐ qù, zhèyàng tāmen jiù néng gěi wǒmen yǒuyòng de xìnxī." Shìwèimen bǎ liǎng gè yú jīng dài le guòlái. Sūn Wùkōng zhuāzhe yígè, Zhū zhuāzhe lìng yígè, tāmen yìqǐ shàng dào tiānkōng, fēi zǒu le.

宴会快要结束时，国王对唐僧说，"尊敬的客人，我们去另一个房间吧。我们谈一下，怎么抓住龙王，拿回我们的宝贝。"

"不需要这样做，"唐僧回答。"我们会解决这事。我的大徒弟，猴王孙悟空，在这件事上是有能力的。他会抓住小偷。我的二徒弟，猪人猪八戒，会帮助他。我最小的徒弟，沙悟净会和我在一起。"

"非常好。我们可以给你什么武器？"

"我们不需要任何武器，"孙悟空说。"我们有自己的武器，它们非常强大。但是，请把两个鱼精带来。我们将把他们带着，和我们一起去，这样他们就能给我们有用的信息[16]。"侍卫们把两个鱼精带了过来。孙悟空抓着一个，猪抓着另一个，他们一起上到天空，飞走了。

---

[16] 信息　　xìnxī – information

Dì 63 Zhāng

Guówáng shuō, "Tāmen shì zhēnde dà shèng! Zhège gūdú de rén yǒu yìshuāng yǎnjīng, dàn tā kànbújiàn. Wǒmen yǐwéi nǐ de túdì shì wěidà de zhànshì. Dàn wǒmen méiyǒu xiǎngdào, tāmen shì hěn lìhài de xiānrén, kěyǐ qí wù fēi dào yún shàng!"

Shā héshang duì guówáng shuō, "Bìxià, wǒ de gēge shì Qí Tiān Dà Shèng. Wǔbǎi nián qián, tā zài tiāngōng zhǎo le dà máfan. Lián Yùhuáng Dàdì dōu pà tā. Wǒ de lìng yígè xiōngdì shì Tiānpéng Yuánshuài. Hěnjiǔ yǐqián, tā shì bā wàn shìbīng de shǒulǐng. Hé tāmen xiāng bǐ, wǒ méiyǒu shénme lìliàng, dàn wǒ yǐqián shì Juǎn Lián Dàjiàng. Wǒmen sān gè rén fēicháng néng zhuā yāoguài, hé lǎohǔ, lóng zhàndòu, fāndòng dàhǎi hé héliú. Xiàng zhèyàng de shìqing wǒmen zuò dé fēicháng hǎo. Shuō dào qí wù fēi dào yún shàng, nà qíshí búshì shénme dàshì."

Zhè yǐhòu, guówáng hé tā de dàchénmen kāishǐ jiào Tángsēng 'dàfó,' jiào tā de túdì 'púsà.'

第 63 章

国王说,"他们是真的大圣!这个孤独[17]的人有一双眼睛,但他看不见。我们以为你的徒弟是伟大的战士。但我们没有想到,他们是很厉害的仙人,可以骑雾飞到云上!"

沙和尚对国王说,"陛下,我的哥哥是齐天大圣。五百年前,他在天宫找了大麻烦。连玉皇大帝都怕他。我的另一个兄弟是天蓬元帅。很久以前,他是八万士兵的首领。和他们相比,我没有什么力量[18],但我以前是卷帘大将。我们三个人非常能抓妖怪,和老虎、龙战斗,翻动大海和河流。像这样的事情我们做得非常好。说到骑雾飞到云上,那其实不是什么大事。"

这以后,国王和他的大臣们开始叫唐僧'大佛,'叫他的徒弟'菩萨。'

---

[17] 孤独　　gūdú – lonely
[18] 力量　　lìliàng – strength

Zhège shíhòu, Sūn Wùkōng hé Zhū Bājiè tuōzhe liǎng gè yú jīng fēiguò tiānkōng. Hěn kuài, tāmen dào le Bìbō Xièhú. Sūn Wùkōng bǎ liǎng gè yú jīng rēng jìn shuǐ lǐ, duì tāmen shuō, "Kuàizǒu, xiàng Wànshèng Lóngwáng bàogào. Gàosù tā, tā de bàba, Qí Tiān Dà Shèng, zài zhèlǐ. Gàosù tā mǎshàng náchū Jīnguāng Sì de bǎobèi. Rúguǒ tā shuō bàn gè 'bù' zì, wǒ huì qīngkōng zhège xièhú, shā sǐ lǐmiàn de suǒyǒu shēngwù."

Liǎng gè yú jīng zài shuǐzhōng hěn kuài de yóuzhe, tuōzhe tāmen de suǒliàn. Tāmen yóu jìn le lóngwáng de gōngdiàn. Tāmen kànjiàn guówáng zuò zài tā de bǎozuò shàng, zài hé tā de nǚxù Jiǔ Tóu hējiǔ. Yú jīng hǎn dào, "Dàwáng, bù hǎole! Bù hǎole! Zuótiān wǎnshàng wǒmen zài Jīnguāng Sì de bǎotǎ lǐ, wǒmen bèi Qí Tiān Dà Shèng hé Táng héshang zhuā le. Tāmen yòng tiě liàn bǎ wǒmen bǎng qǐlái, bǎ wǒmen tuō dào zhèlǐ lái xiàng nǐ bàogào. Tāmen shuō, nǐ bìxū mǎshàng huān huí tāmen sìmiào de bǎobèi, bú nàyàng zuò, tāmen jiù yào shā sǐ zhège xièhú lǐ de suǒyǒu shēngwù!"

Lóngwáng hěn hàipà, yīnwèi tā zhīdào Sūn Wùkōng de lìliàng. Dàn Jiǔ

这个时候，孙悟空和猪八戒拖着两个鱼精飞过天空。很快，他们到了绿波泻湖。孙悟空把两个鱼精扔进水里，对他们说，"快走，向万圣龙王报告。告诉他，他的爸爸，齐天大圣，在这里。告诉他马上拿出金光寺的宝贝。如果他说半个'不'字，我会清空这个泻湖，杀死里面的所有生物。"

两个鱼精在水中很快地游着，拖着他们的锁链。他们游进了龙王的宫殿。他们看见国王坐在他的宝座上，在和他的女婿[19]九头喝酒。鱼精喊道，"大王，不好了！不好了！昨天晚上我们在金光寺的宝塔里，我们被齐天大圣和唐和尚抓了。他们用铁链把我们绑起来，把我们拖到这里来向你报告。他们说，你必须马上还回他们寺庙的宝贝，不那样做，他们就要杀死这个泻湖里的所有生物！"

龙王很害怕，因为他知道孙悟空的力量。但九

---

[19] 女婿　　nǚxù – son in law

Tóu shuō, "Bàba búyào dānxīn. Nǐ bù cōngmíng de nǚxù xué le yìxiē zhàndòu de jìshù. Ràng wǒ qù hé tā dǎ jǐ gè láihuí ba. Hěn kuài, tā jiāng bèi dǎbài, huì gěi nǐ kētóu."

Náqǐ tā de wǔqì, yì bǎ dà jǐ, tā xiàngshàng yóu, yóuchū xièhú. Cóng yuǎnchù kàn, tā kànqǐlái xiàng gè rén. Dàn dāng Sūn Wùkōng hé Zhū zǐxì kàn tā shí, tāmen kěyǐ kàn dào, tā yǒu jiǔ zhāng zuǐ. Tā tóushàng yǒu shíbā zhī yǎnjīng, suǒyǐ tā kěyǐ tóngshí kàndào měi gè fāngxiàng. Tā yòng jiǔ zhāng zuǐ hǎn dào, "Dà shèng zài nǎlǐ? Xiànzài guòlái, bǎ nǐ de shēngmìng gěi wǒ!"

Sūn Wùkōng zhàn qǐlái, kànzhe tā. Tā yòushǒu názhe jīn gū bàng, yòng tā pāidǎzhe tā zuǒshǒu de shǒuzhǎng. "Wǒ lái le," tā shuō.

Jiǔ Tóu xiàng tā hǎn dào, "Nǐ cóng nǎlǐ lái? Nǐ wèishénme lái dào wǒmen de wángguó? Nǐ wèishénme zài shǒuwèizhe bǎotǎ? Nǐ zěnme gǎn zhuā wǒ de liǎng gè bāngshǒu, hé wǒ kāizhàn?"

"Nǐ zhège yāoguài! Nǐ rèn bù chū nǐ de Sūn yéye le ma? Tīng

头说，"爸爸不要担心。你不聪明的女婿学了一些战斗的技术。让我去和他打几个来回吧。很快，他将被打败，会给你磕头。"

拿起他的武器，一把大戟[20]，他向上游，游出泻湖。从远处看，他看起来像个人。但当孙悟空和猪仔细看他时，他们可以看到，他有九张嘴。他头上有十八只眼睛，所以他可以同时看到每个方向。他用九张嘴喊道，"大圣在哪里？现在过来，把你的生命给我！"

孙悟空站起来，看着他。他右手拿着金箍棒，用它拍打着他左手的手掌。"我来了，"他说。

九头向他喊道，"你从哪里来？你为什么来到我们的王国？你为什么在守卫着宝塔？你怎么敢抓我的两个帮手，和我开战？"

"你这个妖怪！你认不出你的孙爷爷了吗？听

---

[20] 戟　　jǐ – halbert, a long two-handed weapon combining a spear and a battle axe.

tīng zhège gùshì. Hěnjiǔ yǐqián, wǒ zhù zài Huāguǒ Shān shàng, zài dàhǎi shàng, pùbù hòumiàn de yígè shāndòng lǐ. Wǒ zǒu le jǐ qiān lǐ qù zhǎo zhīshì, dédào lìliàng. Yùhuáng Dàdì ràng wǒ zuò le Qí Tiān Dà Shèng. Wǒ zài tiāngōng de dàdiàn lǐ zhǎo le dà máfan. Tiānshénmen bùnéng dǎbài wǒ. Tāmen qǐng le fózǔ. Tā gēn wǒ dǎdǔ, wǒ shū le. Tā de shǒu hé wǔ gēn shǒuzhǐ biànchéng le yízuò yǒu wǔ zuò shānfēng de shān. Tā bǎ tā fān guòlái, guān le wǒ wǔbǎi nián. Guānyīn púsà jiù le wǒ, tā ràng wǒ bāngzhù héshang Tángsēng qù xītiān. Wǒmen yǐjīng zǒu le jǐ nián le. Jiù zài zuótiān, wǒmen lái dào le zhège wángguó. Wǒmen tīngshuō bǎotǎ de guāng xiāoshī le. Wǒ de shīfu xiǎng yào zhīdào zhēnxiàng, suǒyǐ zuótiān wǎnshàng, wǒmen dǎsǎo le bǎotǎ. Wǒmen zài bǎotǎ de dǐng fāxiàn le nǐ de liǎng gè yāoguài. Tāmen gàosù wǒ, nǐ shì xiǎotōu. Wǒmen gàosù le guówáng, tā ràng wǒmen lái zhèlǐ zhuā xiǎotōu, bǎ tā dài dào guówáng nàlǐ. Búyào wèn wǒ rènhé wèntí. Zhǐyào huán huí bǎobèi, nǐ jiù kěyǐ huó xiàqù. Rúguǒ nǐ hé wǒmen dǎ, wǒ huì bǎ zhège xièhú qīng gàn. Wǒ huì bǎ zhè zuò shān tuī píng, shā le nǐmen suǒyǒu de

听这个故事。很久以前，我住在花果山上，在大海上，瀑布后面的一个山洞里。我走了几千里去找知识，得到力量。玉皇大帝让我做了齐天大圣。我在天宫的大殿里找了大麻烦。天神们不能打败我。他们请了佛祖。他跟我打赌，我输了。他的手和五根手指变成了一座有五座山峰[21]的山。他把它翻过来，关了我五百年。观音菩萨救了我，她让我帮助和尚唐僧去西天。我们已经走了几年了。就在昨天，我们来到了这个王国。我们听说宝塔的光消失了。我的师父想要知道真相，所以昨天晚上，我们打扫了宝塔。我们在宝塔的顶发现了你的两个妖怪。他们告诉我，你是小偷。我们告诉了国王，他让我们来这里抓小偷，把他带到国王那里。不要问我任何问题。只要还回宝贝，你就可以活下去。如果你和我们打，我会把这个泻湖清干。我会把这座山推平，杀了你们所有的

---

[21] 峰　　fēng – peak

rén!"

Jiǔ Tóu děng Sūn Wùkōng shuō wán. Ránhòu tā shuō, "Suǒyǐ, nǐmen zài xiàng xī xíngzǒu, qù zhǎo jīngshū. Hǎo. Zhè hé wǒmen méiyǒu guānxì. Nǐ wèishénme yào guānxīn zhè jiàn shì?"

"Nǐ zhè wúchǐ de yāoguài, jiùshì yīnwèi nǐ, wǒ de xiōngdì, nàxiē sìmiào lǐ de héshang, zài shòudào tōngkǔ. Yěshì yīnwèi nǐ, sìmiào lǐ dōu shì xuě. Wǒ zěnme huì bù guānxīn zhè shì?"

"Hǎo ba, nàme wǒmen bìxū zhàndòu. Lǎohuà shuō, 'zhànshì bìkāi zhàndòu, chúfēi bìxū yào nàyàng.' Wǒ huì hěn kuài shā le nǐ, zhè jiāng shì nǐmen héshang xīyóu de jiéshù."

Jiǔ Tóu ná qǐ tā de jǐ, bǎ tā dǎ xiàng Sūn Wùkōng de tóu. Hóu wáng yòng tā de bàng, hěn róngyì de dǎngzhù le jǐ. Tāmen dǎ le sānshí gè láihuí, dànshì méi rén néng yíng. Zài zhàndòu zhōng, Zhū zài bù yuǎn de dìfāng kànzhe, děngzhe yǒu hǎo de jīhuì, cānjiā jìnqù. Zuì

人！"

<u>九头</u>等<u>孙悟空</u>说完。然后他说，"所以，你们在向西行走，去找经书。好。这和我们没有关系。你为什么要关心这件事？"

"你这无耻的妖怪，就是因为你，我的兄弟，那些寺庙里的和尚，在受到通苦。也是因为你，寺庙里都是血。我怎么会不关心这事？"

"好吧，那么我们必须战斗。老话说，'战士避开战斗，除非[22]必须要那样[23]。'我会很快杀了你，这将是你们和尚西游的结束。"

<u>九头</u>拿起他的戟，把它打向<u>孙悟空</u>的头。猴王用他的棒，很容易地挡住了戟。他们打了三十个来回，但是没人能赢。在战斗中，<u>猪</u>在不远的地方看着，等着有好的机会，参加进去。最

---

[22] 除非 chúfēi – unless
[23] In *The Art of War*, chapter 3, Sunzi says, "A hundred victories in a hundred battles is not the greatest good. Subduing the enemy's army without battle is the greatest good."

hòu, tā pǎo shàng qián, xiǎng yòng tā de bàzi dǎ Jiǔ Tóu. Dànshì Jiǔ Tóu de tóu hòumiàn yǒu yǎnjīng. Tā kànjiàn Zhū lái le, yòng jǐ de bà shǒu dǎngzhù le bàzi.

Zhàndòu yòu jìxù le liù, qī gè láihuí. Jiǔ Tóu lèi le, tā méiyǒu bànfǎ jìxù hé Sūn Wùkōng, Zhū Bājiè zhàndòu. Suǒyǐ, tā tiào shàng tiānkōng, biàn dào le tā de zhēn yàngzi, yì zhī yòu dà yòu kěpà de jiǔ tóu niǎo. Tā de shēntǐ yǒu shí'èr chǐ cháng, zhǎng mǎn yǔmáo. Tā de jiǎo xiàng dāo yíyàng jiān. Tā de jiǔ gè tóu xíngchéng yígè yuánquān.

Zhū xià huài le, dàn Sūn Wùkōng shuō, "Ràng wǒ shàngqù hé tā dǎ!" Ránhòu tiào shàng le tiānkōng. Zhū gēnzhe tā.

Sūn Wùkōng xiǎng yòng tā de tiě bàng dǎ nà niǎo. Niǎo chōng xiàng yìbiān, bìkāi gōngjī. Yígè xīn de tóu cóng tā de dùzi zhōng tánchū. Nà zhī tóu zhuāzhù le Zhū. Niǎo fēi dào xiéhú, bǎ Zhū lā xià shuǐ. Dāng niǎo lái dào lóngwáng de gōngdiàn shí, tā yòu biàn huí le Jiǔ Tóu. Tā duì tā de bàba shuō, "Bǎ zhège héshang bǎng qǐlái." Yìqún shuǐ xià

后，他跑上前，想用他的耙子打九头。但是九头的头后面有眼睛。他看见猪来了，用戟的把手挡住了耙子。

战斗又继续了六、七个来回。九头累了，他没有办法继续和孙悟空、猪八戒战斗。所以，他跳上天空，变到了他的真样子，一只又大又可怕的九头鸟。他的身体有十二尺长，长满羽毛[24]。他的脚像刀一样尖。他的九个头形成一个圆圈[25]。

猪吓坏了，但孙悟空说，"让我上去和他打！"然后跳上了天空。猪跟着他。

孙悟空想用他的铁棒打那鸟。鸟冲向一边，避开攻击。一个新的头从他的肚子中弹出。那只头抓住了猪。鸟飞到泻湖，把猪拉下水。当鸟来到龙王的宫殿时，它又变回了九头。他对他的爸爸说，"把这个和尚绑起来。"一群水下

---

[24] 羽毛　　yǔmáo – feather
[25] 圆圈　　yuánquān – circle

shēngwù guòlái, zhuā zhù Zhū, bǎ tā tái jìn gōngdiàn.

Sūn Wùkōng hái zài yún zhōng. Tā kànjiàn nà zhī niǎo bǎ Zhū tuō dào shuǐ xià. Tā bùxiǎng hé lóngwáng hé niǎo zài shuǐ xià zhàndòu. Suǒyǐ tā biànchéng le yì zhī pángxiè, yóu dào le lóngwáng de gōngdiàn. Tā xiàng pángxiè yíyàng héng pázhe jìn le gōngdiàn, kàn le sìzhōu. Tā méiyǒu kàndào Zhū, dàn tā kàndào lóngwáng hé Jiǔ Tóu zài hé tāmen de qīnqi hējiǔ shuōhuà. Tā xiàng pángxiè yíyàng héng pázhe líkāi le tāmen. Tā fāxiàn le qítā jǐ zhī pángxiè. Tā tīng le yīhuǐ'er tāmen de shuōhuà, ránhòu tā wèn, "Nǐmen kàndào wǒmen guówáng de nǚxù dài dào zhèlǐ lái de yì zhī chǒu zhū ma? Tā shì huózhe háishì sǐ le?"

"Tā hái huózhe," yì zhī pángxiè shuō. "Nǐ méi kàndào tā zài nàlǐ ma?" Sūn Wùkōng kàn le kàn, kàndào Zhū bèi bǎng zài zhùzi shàng. Tā xiàng pángxiè yíyàng héng pázhe xiàng Zhū zǒu qù.

Zhū kànjiàn le tā, shuō, "Gēge, wǒmen yīnggāi zěnme bàn?" Sūn Wùkōng yòng tā de qiánzi qiēduàn le bǎ Zhū bǎng zài zhùzi

生物过来，抓住猪，把他抬进宫殿。

孙悟空还在云中。他看见那只鸟把猪拖到水下。他不想和龙王和鸟在水下战斗。所以他变成了一只螃蟹，游到了龙王的宫殿。他像螃蟹一样横爬着进了宫殿，看了四周。他没有看到猪，但他看到龙王和九头在和他们的亲戚喝酒说话。他像螃蟹一样横爬着离开了他们。他发现了其他几只螃蟹。他听了一会儿它们的说话，然后他问，"你们看到我们国王的女婿带到这里来的一只丑猪吗？他是活着还是死了？"

"他还活着，"一只螃蟹说。"你没看到他在那里吗？"孙悟空看了看，看到猪被绑在柱子上。他像螃蟹一样横爬着向猪走去。

猪看见了他，说，"哥哥，我们应该怎么办？"孙悟空用他的钳子[26]切断了把猪绑在柱子

---

[26] 钳子　qiánzi – claw, pliers

shàng de shéngzi. Zhū shuō, "Yāoguài názǒu le wǒ de bàzi. Wǒ xiǎng tā zài dàdiàn lǐ."

Sūn Wùkōng huídá shuō, "Wǒ qù ná nǐ de bàzi. Qù dàmén děng wǒ." Tā xiàng pángxiè yíyàng héng pázhe jìn le dàdiàn. Tā kàndào le Zhū de bàzi. Tā ná qǐ bàzi, yòng tā de mólì bǎ bàzi cáng le qǐlái. Ránhòu, tā héng pázhe zǒu dào dàmén, bǎ bàzi gěi le Zhū.

"Wǒ zài shuǐ xià shì yígè bǐ nǐ gèng hǎo de zhànshì," Zhū shuō." Nǐ yīnggāi líkāi. Wǒ huì dǎ huí gōngdiàn. Zài xièhú àn biān děng wǒ." Sūn Wùkōng yóu dào xièhú shuǐmiàn shàng. Zhū shuāngshǒu názhe tā de bàzi. Tā huīdòngzhe tā de bàzi, jìnrù gōngdiàn. Tā zá huài le suǒyǒu de dōngxi, chuānghù, mén, zhuōzi, yǐzi, hái yǒu jiǔbēi. Lóngwáng hé tā de jiārén dōu fēikuài de táozǒu le.

Jiǔ Tóu yāoguài zài quèbǎo le tā de gōngzhǔ qīzi de ānquán hòu, tā zhuā qǐ tā de jǐ, xiàng Zhū pǎo qù, hǎn dào, "Nǐ zhè wúchǐ de zhū! Nǐ zěnme gǎn lái xià wǒ de jiārén!"

"Nǐ zěnme gǎn zhuā wǒ?" Zhū huídá. Tāmen kāishǐ zhàndòu.

上的绳子。猪说,"妖怪拿走了我的耙子。我想它在大殿里。"

孙悟空回答说,"我去拿你的耙子。去大门等我。"他像螃蟹一样横爬着进了大殿。他看到了猪的耙子。他拿起耙子,用他的魔力把耙子藏了起来。然后,他横爬着走到大门,把耙子给了猪。

"我在水下是一个比你更好的战士,"猪说。"你应该离开。我会打回宫殿。在泻湖岸边等我。"孙悟空游到泻湖水面上。猪双手拿着他的耙子。他挥动着他的耙子,进入宫殿。他砸坏了所有的东西,窗户、门、桌子、椅子,还有酒杯。龙王和他的家人都飞快地逃走了。

九头妖怪在确保了他的公主妻子的安全后,他抓起他的戟,向猪跑去,喊道,"你这无耻的猪!你怎么敢来吓我的家人!"

"你怎么敢抓我?"猪回答。他们开始战斗。

Dàn hěn kuài lóng wáng hé tā de qīnqi dōu chūlái, cānjiā le zhàndòu. Zhū bùnéng hé tāmen suǒyǒu de rén dǎ. Tā zhuǎnguò shēn, hěn kuài yóu chū gōngdiàn, yóu xiàng xièhú de shuǐmiàn. Jǐn gēn zài tā hòumiàn de shì Jiǔ Tóu, lóngwáng hé tāmen de suǒyǒu qīnqi.

Zhū cóng shuǐ lǐ chōng le chūlái. Sūn Wùkōng děng zài xièhú àn biān. Dāng lóngwáng cóng shuǐ lǐ chūlái shí, Sūn Wùkōng tiào shàng le yún. Tā bǎ tiě bàng zá zài lóngwáng de tóu shàng, mǎshàng jiù bǎ tā shā sǐ le. Lóng de shītǐ diào jìn shuǐ lǐ, xuě bǎ shuǐ biànchéng le hóngsè. Jiǔ Tóu zhuāzhù lóng de shītǐ, bǎ tā dài dào shuǐ xià de gōngdiàn, suǒyǒu de jiārén dōu gēn zài hòumiàn.

Sūn Wùkōng hé Zhū zuò dào xièhú àn biān shuōhuà. Zhū shuō, "Wǒ hěn gāoxìng nǐ bǎ nà tiáo lǎo lóng dǎ sǐ le. Xiànzài, tāmen yào máng yíduàn shíjiān, zhǔnbèi zànglǐ. Tāmen jīntiān wǎnshàng bú huì zài chūlái le. Yǐjīng hěn wǎn le, wǒmen xiànzài yīnggāi zěnme bàn?"

Sūn Wùkōng nénggòu kàn chūlái, Zhū lèi le, bùxiǎng zài dǎ le. Tā shuō, "Xiōngdì, bié dānxīn shíjiān. Zhè shì wǒmen gōngjī tāmen

但很快龙王和他的亲戚都出来，参加了战斗。猪不能和他们所有的人打。他转过身，很快游出宫殿，游向泻湖的水面。紧跟在他后面的是九头、龙王和他们的所有亲戚。

猪从水里冲了出来。孙悟空等在泻湖岸边。当龙王从水里出来时，孙悟空跳上了云。他把铁棒砸在龙王的头上，马上就把他杀死了。龙的尸体掉进水里，血把水变成了红色。九头抓住龙的尸体，把他带到水下的宫殿，所有的家人都跟在后面。

孙悟空和猪坐到泻湖岸边说话。猪说，"我很高兴你把那条老龙打死了。现在，他们要忙一段时间，准备葬礼[27]。他们今天晚上不会再出来了。已经很晚了，我们现在应该怎么办？"

孙悟空能够看出来，猪累了，不想再打了。他说，"兄弟，别担心时间。这是我们攻击他们

---

[27] 葬礼　zànglǐ – funeral

de zuì hǎo de jīhuì. Wǒmen kěyǐ nádào bǎobèi, bǎ tāmen dài huí gěi shīfu hé guówáng!"

Jiù zài zhè shí, tāmen tīngdào yígè shēngyīn. Tāmen tái qǐ tóu, kàndào yí dàpiàn hēi wù cóng dōngbian guòlái. Sūn Wùkōng yòng tā de zuànshí yǎnjīng zǐxì kàn. Tā kàndào shì Èrláng hé Méi Shān liù xiōngdì. Tāmen zhèngzài dǎliè. Tāmen měi gè rén dōu dàizhe gōngjiàn, měi gè rén shǒu lǐ dōu názhe yì bǎ jiāndāo.

Sūn Wùkōng shuō, "Wǒ zhīdào zhè qī gè rén, tāmen shì wǒ de qīn xiōngdì. Wǒmen yīnggāi qǐng tāmen bāngzhù wǒmen." Ránhòu, tā tíng le yīhuǐ'er, yòu shuō, "Dàn Èrláng zài hěnjiǔ yǐqián de yì chǎng zhàndòu zhōng dǎbài le wǒ. Wǒ xiànzài yǒudiǎn bù hǎoyìsi qù qiú tā bāngzhù. Zhū, qǐng bāng bāng wǒ. Zhàn zài tāmen de miànqián, dǎngzhù tāmen de lù. Děng tāmen zǒu dào nǐ de miànqián, gàosù tāmen, Qí Tiān Dà Shèng zài zhèlǐ, yào jiàn tāmen."

的最好的机会。我们可以拿到宝贝，把它们带回给师父和国王！"

就在这时，他们听到一个声音。他们抬起头，看到一大片黑雾从东边过来。孙悟空用他的钻石眼睛仔细看。他看到是二郎和梅山六兄弟。他们正在打猎。他们每个人都带着弓箭，每个人手里都拿着一把尖刀。

孙悟空说，"我知道这七个人，他们是我的亲兄弟。我们应该请他们帮助我们。"然后，他停了一会儿，又说，"但二郎在很久以前的一场战斗中打败了我[28]。我现在有点不好意思[29]去求他帮助。猪，请帮帮我。站在他们的面前，挡住他们的路。等他们走到你的面前，告诉他们，齐天大圣在这里，要见他们。"

---

[28] In the story told in *The Immortal Peaches*, the Jade Emperor asked Erlang to capture the troublemaking Sun Wukong. With the help of Laozi and his six brothers, Sun Wukong was captured and placed in a brazier for 49 days.
[29] 不好意思　　　bù hǎoyìsi – feel embarassed

Zhū zhào tā de yāoqiú zuò le. Èrláng ràng tā de liù gè xiōngdì qù qǐng Sūn Wùkōng lái jiàn tā. Liù gè xiōngdì dōu pǎo chū yíngdì, hǎn dào, "Sūn Wùkōng gēge! Wǒmen de dàgē yào nǐ qù jiàn tā."

Sūn Wùkōng zǒu le chūlái. Tā xiàng liù gè xiōngdì zhōng de měi gè rén wèn hǎo. Ránhòu, tāmen yìqǐ zǒu jìn yíngdì. Èrláng shuō, "Dà shèng, nǐ bāngzhù Tángsēng, qǔdé le gōngdé. Hěn kuài nǐ jiù huì wánchéng nǐ de lǚtú, nǐ huì zuò shàng liánhuā bǎozuò."

"Wǒ hái yǒu hěn cháng de lù yào zǒu," tā huídá. "Táng héshang jiù le wǒ, wǒmen zhèng xiàng xī zǒu. Wǒmen zhèng jīngguò zhège guójiā, xiǎng yào bāngzhù yìxiē fójiào héshang. Wǒmen zài zhèlǐ shì wèi le zhuā yìxiē móguǐ, zhǎo huí sìmiào de bǎobèi. Wǒmen kànjiàn nǐ hé nǐ de xiōngdìmen zài fùjìn jīngguò, wǒmen dīxià de qǐngqiú nǐ de bāngzhù. Dànshì, wǒmen bù zhīdào nǐ de jìhuà, yě bù zhīdào nǐ shìbúshì yuànyì bāngzhù wǒmen."

"Wǒ méiyǒu shénme shì," Èrláng xiàozhe shuō, "wǒ hěn yuànyì bāngzhù yí wèi lǎo péngyǒu. Gàosù wǒ gèng duō yìxiē."

猪照他的要求做了。二郎让他的六个兄弟去请孙悟空来见他。六个兄弟都跑出营地[30]，喊道，"孙悟空哥哥！我们的大哥要你去见他。"

孙悟空走了出来。他向六个兄弟中的每个人问好。然后，他们一起走进营地。二郎说，"大圣，你帮助唐僧，取得了功德。很快你就会完成你的旅途，你会坐上莲花宝座。"

"我还有很长的路要走，"他回答。"唐和尚救了我，我们正向西走。我们正经过这个国家，想要帮助一些佛教和尚。我们在这里是为了抓一些魔鬼，找回寺庙的宝贝。我们看见你和你的兄弟们在附近经过，我们低下地请求你的帮助。但是，我们不知道你的计划，也不知道你是不是愿意帮助我们。"

"我没有什么事，"二郎笑着说，"我很愿意帮助一位老朋友。告诉我更多一些。"

---

[30] 营地　　yíngdì – camp

Sūn Wùkōng jiǎng le zhěnggè gùshì, tāmen zěnme lái dào Jìsài Wángguó, zěnme kàndào fójiào héshang de tòngkǔ, zěnme fāxiàn bǎotǎ dǐng shàng de liǎng gè móguǐ, zěnme bǎ móguǐ dài dào guówáng miànqián, zěnme qù le xièhú, zěnme hé Jiǔ Tóu zhàndòu, zěnme shā sǐ le lóngwáng. Zuìhòu, tā shuō, "Dāng wǒmen kàn dào nǐ hé nǐ de xiōngdìmen lái de shíhòu, wǒ hé Zhū xiōngdì zhèngzài tán xiàyíbù gāi zuò shénme."

Èrláng huídá shuō, "Ń, nǐ gānggāng shā le lǎo lóngwáng. Xiànzài shì gōngjī de zuì hǎo shíhòu!"

Dàn tā de xiōngdìmen bù tóngyì. Qízhōng yìrén shuō, "Bié zhāojí, xiōngdì. Jiǔ Tóu móguǐ de jiārén zài zhèlǐ, suǒyǐ tā bú huì táopǎo. Wǒmen xiànzài yǒu liǎng wèi kèrén. Zài wǒmen de yíngdì lǐ, wǒmen yǒu shíwù hé jiǔ. Jīntiān wǎnshàng, ràng wǒmen hé wǒmen de péngyǒumen yìqǐ jǔxíng yígè yànhuì. Míngtiān jiāng yǒu zúgòu de shíjiān qù zhàndòu." Èrláng tóngyì le. Tāmen yìqǐ zǒu huí yíngdì. Tāmen chī le yí dùn hàochī de sùshí, shuō le jǐ gè xiǎoshí de huà. Ránhòu, tāmen jiù qù shuìjiào le, tiān shì tāmen de

孙悟空讲了整个故事，他们怎么来到祭赛王国，怎么看到佛教和尚的痛苦，怎么发现宝塔顶上的两个魔鬼，怎么把魔鬼带到国王面前，怎么去了泻湖，怎么和九头战斗，怎么杀死了龙王。最后，他说，"当我们看到你和你的兄弟们来的时候，我和猪兄弟正在谈下一步该做什么。"

二郎回答说，"嗯，你刚刚杀了老龙王。现在是攻击的最好时候！"

但他的兄弟们不同意。其中一人说，"别着急，兄弟。九头魔鬼的家人在这里，所以他不会逃跑。我们现在有两位客人。在我们的营地里，我们有食物和酒。今天晚上，让我们和我们的朋友们一起举行一个宴会。明天将有足够的时间去战斗。"二郎同意了。他们一起走回营地。他们吃了一顿好吃的素食，说了几个小时的话。然后，他们就去睡觉了，天是他们的

zhàngpéng, dì shì tāmen de chuáng.

Dì èr tiān zǎoshàng, Zhū qǐ le chuáng. Tā hē le jǐ bēi jiǔ, ránhòu tā shuō, "Tiānliàng le. Wǒ yào xiàqù hé zhèxiē yāoguài zhàndòu."

"Xiǎoxīn diǎn, " Èrláng huídá. "Zhǐyào bǎ tāmen dài dào shuǐmiàn. Wǒ hé wǒ de xiōngdìmen huì jiějué tāmen."

Zhū diǎndiǎn tóu, ránhòu zhuā qǐ tā de bàzi. Tā yòng tā de fēn shuǐ mófǎ, hěn kuài de xiàng xià yóu dào le gōngdiàn. Tā dàshēng hǎnjiàozhe, huīdòngzhe tā de bàzi, pǎo jìn gōngdiàn. Lóng de yígè érzi zhèng wān yāo zài lóng de shītǐ pángbiān. Zhū yòng bàzi zá zài nàge érzi de tóu shàng, zài tā de tóu shàng zá chū le jiǔ gè xuě dòng.

"Nà tóu zhū yě shā le wǒ de érzi!" Lóngwáng de guǎfù hǎn dào. Lóngwáng suǒyǒu de qīnqi dōu pǎo chūqù hé Zhū zhàndòu. Zhū zhuǎnguò shēn, yóu dào xièhú de shuǐmiàn, chōng xiàng kōngzhōng. Qīnqimen gēnzhe tā. Sūn Wùkōng hé qī xiōngdì gōngjī le tāmen.

帐篷[31]，地是他们的床。

第二天早上，猪起了床。他喝了几杯酒，然后他说，"天亮了。我要下去和这些妖怪战斗。"

"小心点，"二郎回答。"只要把他们带到水面。我和我的兄弟们会解决他们。"

猪点点头，然后抓起他的耙子。他用他的分水魔法，很快地向下游到了宫殿。他大声喊叫着，挥动着他的耙子，跑进宫殿。龙的一个儿子正弯腰在龙的尸体旁边。猪用耙子砸在那个儿子的头上，在他的头上砸出了九个血洞。

"那头猪也杀了我的儿子！"龙王的寡妇[32]喊道。龙王所有的亲戚都跑出去和猪战斗。猪转过身，游到泻湖的水面，冲向空中。亲戚们跟着他。孙悟空和七兄弟攻击了他们。

---

[31] 帐篷　zhàngpéng – tent
[32] 寡妇　guǎfù – widow

Zài zhàndòu zhōng, lóng de yígè sūnzi bèi shā le. Jiǔ Tóu kàndào shìqing biàn huài. Tā biànchéng le yì zhī jùdà de jiǔ tóu niǎo, kāishǐ zài zhàndòu de shàngkōng dǎzhuàn. Èrláng xiàng nà zhī niǎo shè le yí jiàn, dàn méiyǒu shè dào tā. Niǎo fēi xiàlái, zhǎng chū yígè xīn de tóu lái yǎo Èrláng. Dàn Èrláng de gǒu tiào qǐlái, yǎo diào le nàge tóu. Niǎo zhuǎnshēn, fēi xiàng běihǎi.

Zhū kāishǐ zhuī tā, dàn Sūn Wùkōng zǔzhǐ le tā, shuō, "Bié zhuī tā. Yǒngyuǎn búyào bǎ yígè bèi dǎbài de dírén bī dào qiángjiǎo. Wǒ yǒu yígè gèng hǎo de zhǔyì. Wǒ huì gǎibiàn wǒ de yàngzi, ràng wǒ kàn qǐlái xiàng Jiǔ Tóu. Nǐ zhuī wǒ jìn gōngdiàn. Wǒ huì piàn gōngzhǔ bǎ bǎobèi gěi wǒ."

Èrláng shuō, "Hǎo ba, rúguǒ nǐ yuànyì, wǒmen kěyǐ děng. Dànshì ràng zhèyàng de yāoguài huózhe búshì yígè hǎo zhǔyì. Yǐhòu zhǐ huì gěi měi gè rén dài lái máfan." Qíshí, jiùshì zài jīn

在战斗中，龙的一个孙子被杀了。九头看到事情变坏。他变成了一只巨大的九头鸟，开始在战斗的上空打转。二郎向那只鸟射了一箭，但没有射到它。鸟飞下来，长出一个新的头来咬二郎。但二郎的狗跳起来，咬掉了那个头。鸟转身，飞向北海。

猪开始追他，但孙悟空阻止了他，说，"别追他。永远不要把一个被打败的敌人逼到墙角[33,34]。我有一个更好的主意。我会改变我的样子，让我看起来像九头。你追我进宫殿。我会骗公主把宝贝给我。"

二郎说，"好吧，如果你愿意，我们可以等。但是让这样的妖怪活着不是一个好主意。以后只会给每个人带来麻烦。"其实，就是在今

---

[33] 逼到墙角　　　bī dào qiángjiǎo – to push into a corner
[34] In *The Art of War*, Sunzi says that a cornered enemy fighting on "death ground" is the most dangerous of all enemies, because he has no other options but to fight to the death. He writes, "If death is certain, soldiers will fight to the end."

tiān, wǒmen yě néng kàndào zhèxiē xiě hóngsè de yāoguài.

Sūn Wùkōng bǎ tā zìjǐ biànchéng Jiǔ Tóu de yàngzi, chōng rù shuǐ lǐ. Zhū gēnzhe tā, dà hǎn dà jiàozhe. Tāmen lái dào le gōngdiàn de dàmén. Wánghòu duì Sūn Wùkōng shuō, "Qīn'ài de nǚxù, nǐ wèishénme zhème hàipà?"

Sūn Wùkōng huídá shuō, "Nà tóu zhū dǎbài le wǒ, xiànzài tā xiǎng zài zhèlǐ zhuā wǒ. Kuài, bǎ wǒmen de bǎobèi cáng qǐlái!"

Wánghòu pǎo dào dàdiàn de hòumiàn, ránhòu dàizhe liǎng gè hézi huílái. Yígè shì jīn zuò de, lìng yígè shì báiyù zuò de. Tā jiāng jīn hézi gěi Sūn Wùkōng, shuō, "Zhè shì fójiào de bǎobèi, shèlì." Ránhòu, tā yòu jiāng báiyù hézi gěi tā, shuō, "Zhè shì jiǔ yè shénqí mógū. Nǐ bìxū bǎ zhèxiē dōngxi dàizǒu, yuǎnlí zhèlǐ. Wǒ huì hé zhū dǎ jǐ gè láihuí. Zhèyàng nǐ jiù yǒu shíjiān táopǎo le."

天，我们也能看到这些血红色的妖怪[35]。

孙悟空把他自己变成九头的样子，冲入水里。猪跟着他，大喊大叫着。他们来到了宫殿的大门。王后对孙悟空说，"亲爱的女婿，你为什么这么害怕？"

孙悟空回答说，"那头猪打败了我，现在他想在这里抓我。快，把我们的宝贝藏起来！"

王后跑到大殿的后面，然后带着两个盒子回来。一个是金做的，另一个是白玉做的。她将金盒子给孙悟空，说，"这是佛教的宝贝，舍利。"然后，她又将白玉盒子给他，说，"这是九叶神奇蘑菇。你必须把这些东西带走，远离这里。我会和猪打几个来回。这样你就有时间逃跑了。"

---

[35] It's not clear what animal the author is referring to here, because the Nine Headed Beast (九头虫, jiǔ tóu chóng) is variously described as a bird, a gigantic insect, or just a monster. Some say it is the mango bird, a kind of oriole found in India.

Sūn Wùkōng yáo le yíxià tā de shēntǐ, yòu biàn huí le tā zìjǐ de yàngzi. "Zǐxì kànzhe wǒ, wánghòu," tā shuō. "Wǒ zhēnde shì nǐ de nǚxù ma?" Wánghòu xiǎng qù zhuā hézi, dàn jiù zài zhèshí Zhū lái le. Tā yòng bàzi dǎ tā de jiān, tā dǎo zài dìshàng.

Zhū jǔ qǐ tā de bàzi zài yào dǎ tā, dàn Sūn Wùkōng jǔ qǐ shǒu lái zǔzhǐ tā. Tā shuō, "Bié shā tā! Wǒmen yīnggāi bǎ tā dài huí guówáng de gōngdiàn, gàosù tāmen."

Sūn Wùkōng hé Zhū yóu chū xièhú. Sūn Wùkōng názhe liǎng gè zhuāng bǎobèi de hézi, Zhū zhuāzhe wánghòu de shǒu, tuōzhe tā. Dāng tāmen lái dào xièhú àn biān shí, Sūn Wùkōng duì Èrláng shuō, "Xièxiè nǐ, wǒ de péngyǒu! Wǒmen nádào le diū le de bǎobèi, wǒmen shā sǐ le xiǎotōu."

"Wǒmen shénme yě méi zuò," Èrláng huídá. "Nà shì yīnwèi guówáng de hǎo yùnqì hé nǐ de qiángdà."

"Nǐ huì hé wǒmen yìqǐ qù jiàn guówáng ma?"

"Bù, wǒmen xiànzài jiù líkāi, hóuzi xiōngdì." Ránhòu,

孙悟空摇了一下他的身体，又变回了他自己的样子。"仔细看着我，王后，"他说。"我真的是你的女婿吗？"王后想去抓盒子，但就在这时猪来了。他用耙子打她的肩，她倒在地上。

猪举起他的耙子再要打她，但孙悟空举起手来阻止他。他说，"别杀她！我们应该把她带回国王的宫殿，告诉他们。"

孙悟空和猪游出泻湖。孙悟空拿着两个装宝贝的盒子，猪抓着王后的手，拖着她。当他们来到泻湖岸边时，孙悟空对二郎说，"谢谢你，我的朋友！我们拿到了丢了的宝贝，我们杀死了小偷。"

"我们什么也没做，"二郎回答。"那是因为国王的好运气和你的强大。"

"你会和我们一起去见国王吗？"

"不，我们现在就离开，猴子兄弟。"然后，

Èrláng hé tā de liù gè xiōngdì huíqù dǎliè le.

Sūn Wùkōng hé Zhū bǎ wánghòu dài huí le Jìsài Wángguó de guówáng gōngdiàn. Yígè héshang kàndào tāmen lái le. Tā pǎo jìn gōngdiàn gàosù guówáng hé Tángsēng, shuō hóuzi hé zhū huílái le. Sūn Wùkōng gěi guówáng kàn le nà liǎng jiàn bǎobèi, gàosù tā, tāmen qù xièhú de zhěnggè gùshì. Guówáng tīng le gùshì. Ránhòu tā wèn, "Gàosù wǒ, lóng wánghòu dǒng rén de huà ma?"

Sūn Wùkōng huídá shuō, "Tā zuò lóngwáng de qīzi hěnduō nián le, shēng le hěnduō érzi hé nǚ'ér. Tā zěnme huì bù dǒng rén de huà?"

"Rúguǒ tā dǒng, nàme tā xiànzài bìxū gàosù wǒmen guānyú zhè jiàn shì de yíqiè. Shì shuí cóng sìmiào lǐ ná zǒu le liǎng jiàn bǎobèi?"

Wánghòu huídá shuō, "Wǒ duì tōu fójiào bǎobèi shénme dōu bù zhīdào. Shì wǒ sǐqù de zhàngfu zài Jiǔ Tóu de bāngzhù xià zuò de. Shì tāmen gěi sìmiào dàiqù le xuè yǔ. Nà shénqí mógū me, nà shì wǒ nǚ'ér zuò de. Tā qù le tiāngōng, tōu le mógū."

二郎和他的六个兄弟回去打猎了。

孙悟空和猪把王后带回了祭赛王国的国王宫殿。一个和尚看到他们来了。他跑进宫殿告诉国王和唐僧，说猴子和猪回来了。孙悟空给国王看了那两件宝贝，告诉他，他们去泻湖的整个故事。国王听了故事。然后他问，"告诉我，龙王后懂人的话吗？"

孙悟空回答说，"她做龙王的妻子很多年了，生了很多儿子和女儿。她怎么会不懂人的话？"

"如果她懂，那么她现在必须告诉我们关于这件事的一切。是谁从寺庙里拿走了两件宝贝？"

王后回答说，"我对偷佛教宝贝什么都不知道。是我死去的丈夫在九头的帮助下做的。是他们给寺庙带去了血雨。那神奇蘑菇么，那是我女儿做的。她去了天宫，偷了蘑菇。"

"Gàosù wǒmen guānyú shénqí mógū de shì."

"Hěnjiǔ yǐqián, tā shì yóu xī Wángmǔ Niángniáng zhòng de. Tā jiāng huó yìqiān nián. Yòng nǐ de shǒu huīdòng tā, tā huì fāchū yìqiān shù cǎi guāng." Tā tíng le yíxià, ránhòu jìxù shuō, "Xiànzài nǐ yǒu le shénqí mógū hé fójiào bǎobèi. Nǐ shā le wǒ zhàngfu hé xǔduō wǒ de qīnqi, wǒ qiú nǐ ràng wǒ huózhe."

Sūn Wùkōng duì tā shuō, "Quán jiārén búyòng duì jiālǐ yígè huò liǎng gè rén de zuìxíng fùzé. Wǒmen huì ràng nǐ huó xiàqù de. Dàn nǐ bìxū liú zài sìmiào lǐ, zài nǐ shèngxià de rìzi lǐ, chéngwéi bǎotǎ de shǒuwèi rén."

Tā diǎndiǎn tóu. "Bú xìngfú de shēnghuó bǐ sǐ le de hǎo. Nǐ yào zěnme duì wǒ dōu kěyǐ."

"Hǎo ba," Sūn Wùkōng shuō. Tā ràng héshangmen gěi tā ná yìtiáo tiě liàn. Ránhòu, tā dǎkāi le tiě liàn de yígè huán. Tā zài tā de jiān gǔ shàng dǎ le yígè dòng, ránhòu bǎ tiě liàn de dì yī gè huán chuānguò dòng, ránhòu tā yòu liánshàng le tiě liàn.

Ránhòu, tāmen dōu qù le Jīnguāng Sì, jìnrù bǎotǎ. Sūn Wùkōng

"告诉我们关于神奇蘑菇的事。"

"很久以前,它是由西王母娘娘种的。它将活一千年。用你的手挥动它,它会发出一千束彩光。"她停了一下,然后继续说,"现在你有了神奇蘑菇和佛教宝贝。你杀了我丈夫和许多我的亲戚,我求你让我活着。"

孙悟空对她说,"全家人不用对家里一个或两个人的罪行负责。我们会让你活下去的。但你必须留在寺庙里,在你剩下的日子里,成为宝塔的守卫人。"

她点点头。"不幸福的生活比死了的好。你要怎么对我都可以。"

"好吧,"孙悟空说。他让和尚们给他拿一条铁链。然后,他打开了铁链的一个环。他在她的肩骨上打了一个洞,然后把铁链的第一个环穿过洞,然后他又连上了铁链。

然后,他们都去了金光寺,进入宝塔。孙悟空

yòng tā de mófǎ jiàolái le chéng lǐ de tǔdì shén hé sìmiào de shǒuwèi shén. Tā gàosù tāmen, cóng jīntiān qǐ, wánghòu jiāng liú zài bǎotǎ lǐ. "Měi sān tiān gěi tā sòng yícì shíwù hé shuǐ," tā shuō. "Rúguǒ tā xiǎng shìzhe táopǎo, mǎshàng shā sǐ tā." Tāmen tóngyì le.

Tángsēng yòng shénqí mógū bǎ bǎotǎ de shísān céng quándōu dǎsǎo le yíbiàn. Ránhòu tā bǎ mógū fàng zài shèlì pángbiān de huāpíng lǐ. Bǎotǎ yòu kāishǐ liàngzhe cǎisè de guāng. Zhěnggè wángguó hé suǒyǒu sì gè línjū wángguó dōu kěyǐ kàndào zhè guāng.

Tāmen dōu zǒuchū le bǎotǎ. Guówáng duì Tángsēng shuō, "Wǒ hěn gāoxìng nǐ hé nǐ de sān gè túdì lái dào wǒmen de wángguó, bǎ zhè jiàn shì nòng qīngchǔ le."

Tángsēng diǎn le diǎn tóu. Sūn Wùkōng duì guówáng shuō, "bìxià, qǐng xiǎng xiǎng, yàobúyào gǎi zhè zuò sìmiào de míngzì. Xiànzài tā jiào Jīnguāng. Dàn jīn kěyǐ huà diào, guāng zhǐshì fāguāng de kōngqì. Rúguǒ nǐ bǎ tā gǎi chéng Fú Lóng Sì, tā jiāng yǒngyuǎn zài nàlǐ." Guówáng tóngyì le, bǎ míngzì gǎi le.

用他的魔法叫来了城里的土地神和寺庙的守卫神。他告诉他们，从今天起，王后将留在宝塔里。"每三天给她送一次食物和水，"他说。"如果她想试着逃跑，马上杀死她。"他们同意了。

唐僧用神奇蘑菇把宝塔的十三层全都打扫了一遍。然后他把蘑菇放在舍利旁边的花瓶里。宝塔又开始亮着彩色的光。整个王国和所有四个邻居王国都可以看到这光。

他们都走出了宝塔。国王对唐僧说，"我很高兴你和你的三个徒弟来到我们的王国，把这件事弄清楚了。"

唐僧点了点头。孙悟空对国王说，"陛下，请想想，要不要改这座寺庙的名字。现在它叫金光。但金可以化掉，光只是发光的空气。如果你把它改成伏龙寺，它将永远在那里。"国王同意了，把名字改了。

Nàtiān wǎnshàng, guówáng wèi zhè sì wèi yóurén jǔxíng le yígè dà yànhuì. Yìshùjiāmen lái le, huà le sì gè yóurén de huàxiàng. Tāmen de míngzì bèi kè zài Wǔ Fèng Tǎ zhōng. Guówáng gěi le tāmen jīn hé zhūbǎo, dàn dāngrán, tāmen jùjué le. Suǒyǐ guówáng gěi le tāmen měi gè rén liǎng tào xīn yīfu, liǎng shuāng wàzi, liǎng shuāng xié hé liǎng tiáo yāodài. Tā hái gěi le tāmen shíwù, qiānshǔ le tāmen de tōngguān wénshū. Ránhòu guówáng bǎ tā zìjǐ de mǎchē gěi le tāmen, bǎ tāmen dài dào wángguó de biānjiè, zhèyàng tāmen jiù kěyǐ jìxù tāmen de lǚtú. Zhè zhēnshi,

> Èmó bèi shā sǐ,
> Wángguó bèi qīngxǐ,
> Bǎotǎ zhī guāng yòu chūxiàn,
> Shìjiè yòu dé guāngmíng.

那天晚上，国王为这四位游人举行了一个大宴会。艺术家[36]们来了，画了四个游人的画像。他们的名字被刻在五凤塔中。国王给了他们金和珠宝，但当然，他们拒绝了。所以国王给了他们每个人两套新衣服、两双袜子[37]、两双鞋和两条腰带。他还给了他们食物，签署了他们的通关文书。然后国王把他自己的马车给了他们，把他们带到王国的边界，这样他们就可以继续他们的旅途。这真是，

恶魔被杀死，
王国被清洗[38]，
宝塔之光又出现，
世界又得光明。

---

[36] 艺术家　yìshùjiā – artist
[37] 袜子　　wàzi – sock
[38] 清洗　　qīngxǐ – cleanse

Dì 64 Zhāng

Dāng tāmen lái dào wángguó xīfāng de biānjiè shí, sì wèi yóurén cóng guówáng de mǎchē shàng xiàlái, jìxù tāmen de lǚtú. Guówáng hé wángguó lǐ de rénmen hé tāmen yìqǐ zǒu le jǐ lǐ lù, ránhòu hé tāmen shuō zàijiàn, zhuǎnshēn huíqù le. Dànshì yǒu yìxiē sìmiào lǐ de héshang jìxù gēnzhe tāmen. Tángsēng jiào tāmen huí dào chéng lǐ, dàn tāmen jìxù gēnzhe, shuō tāmen xiǎng hé sì gè yóurén yìqǐ, yìzhí zǒu dào xītiān.

Zuìhòu, Sūn Wùkōng cóng tóushàng bá le yìxiē tóufà, zài tāmen shàngmiàn chuī le yíxià, shuō, "biàn." Měi gēn tóufà dōu biànchéng le yì zhī dà lǎohǔ. Lǎohǔ zài lùshàng láihuí zǒudòng, páoxiāozhe. Héshangmen bù gǎn zài gēnzhe. Sì gè yóurén jìxù zǒuzhe, jǐ gè xiǎoshí hòu, Sūn Wùkōng qǔ huí le tā de tóufà.

Guò le yīhuǐ'er, tāmen de lù yòu bèi dǎngzhù le. Zài tāmen miànqián shì yípiàn jùdà de jīngjí dì. Tā gài zhù le lù, xiàng zuǒ xiàng yòu, yìzhí dào tāmen néng kàndào de zuì yuǎn de dìfāng. Jīngjí hěn

第64章

当他们来到王国西方的边界时,四位游人从国王的马车上下来,继续他们的旅途。国王和王国里的人们和他们一起走了几里路,然后和他们说再见,转身回去了。但是有一些寺庙里的和尚继续跟着他们。唐僧叫他们回到城里,但他们继续跟着,说他们想和四个游人一起,一直走到西天。

最后,孙悟空从头上拔了一些头发,在它们上面吹了一下,说,"变。"每根头发都变成了一只大老虎。老虎在路上来回走动,咆哮着。和尚们不敢再跟着。四个游人继续走着,几个小时后,孙悟空取回了他的头发。

过了一会儿,他们的路又被挡住了。在他们面前是一片巨大的荆棘[39]地。它盖住了路,向左向右,一直到他们能看到的最远的地方。荆棘很

---

[39] 荆棘　　jīngjí – thorns, brambles

dà, jǐn āi zài yìqǐ. Rén huò mǎ dōu bù kěnéng chuānguò tāmen.

Zhū shuō, "Zhèxiē jīngjí duì wǒ lái shuō bú shì wèntí. Wǒ kěyǐ yòng wǒ de bàzi, bǎ tāmen fēnkāi, wèi wǒmen kāi chū yìtiáo lù."

"Nà bùxíng," Tángsēng huídá. "Nǐ hěn yǒulì, dànshì nà lǐ yǒu tài duō de jīngjí, nǐ hěn kuài jiù huì lèi de. Wùkōng, qǐng kàn kàn, gàosù wǒmen, zěnme cáinéng zǒuguò zhèxiē jīngjí."

Sūn Wùkōng tiào dào kōngzhōng. Tā bǎ shǒu fàng zài tā de zuànshí yǎnjīng shàng, kàn le suǒyǒu de fāngxiàng. Zài tā néng kàndào de dìfāng, dìmiàn shàng dōu shì jīngjí. Jīngjí zhōngjiān, yǒu xǔduō gài mǎn téngwàn de dà shù. Suǒyǒu zhè yíqiè kànshàngqù jiù xiàng shì yí dà piàn lǜ yún gàizhe dìqiú.

Tā jiǔjiǔ de kànzhe jīngjí dì. Ránhòu, tā huí dào dìmiàn. Tā duì Tángsēng shuō, "Shīfu, zhè shì yípiàn jùdà de jīngjí dì. Wǒ kànbúdào tā de biānjiè. Tā yídìng yǒu yìqiān lǐ cháng."

大，紧挨在一起。人或马都不可能穿过它们。

猪说，"这些荆棘对我来说不是问题。我可以用我的耙子，把它们分开，为我们开出一条路。"

"那不行，"唐僧回答。"你很有力，但是那里有太多的荆棘，你很快就会累的。悟空，请看看，告诉我们，怎么才能走过这些荆棘。"

孙悟空跳到空中。他把手放在他的钻石眼睛上，看了所有的方向。在他能看到的地方，地面上都是荆棘。荆棘中间，有许多盖满藤蔓[40]的大树。所有这一切看上去就像是一大片绿云盖着地球。

他久久地看着荆棘地。然后，他回到地面。他对唐僧说，"师父，这是一片巨大的荆棘地。我看不到它的边界。它一定有一千里长。"

---

[40] 藤蔓　　téngwàn – vine

Tángsēng hěn bù gāoxìng. "Wǒmen néng zuò shénme?" tā wèn.

Shā shuō, "Bié dānxīn, shīfu. Ràng wǒmen zuò nóngfū zuò de shì. Wǒmen zhǐshì fànghuǒ shāo jīngjí, yòng zhège bànfǎ qīng chū yìtiáo lù."

Zhū xiàozhe shuō, "Nà bùxíng. Rúguǒ nǐ xiǎng shāo jīngjí, nǐ bìxū zài shí yuè de shíhòu zuò, nàshí yíqiè dōu hěn gān. Xiànzài jīngjí shì lǜsè de, zài shēngzhǎng, tāmen bú huì ránshāo."

Sūn Wùkōng shuō, "Shìde, jíshǐ nǐ néng shēng qǐ huǒ, huǒ yě huì hěn dà hěn rè, kěnéng huì shāo sǐ wǒmen suǒyǒu de rén."

Zhū shuō, "Búyào zài shuō le. Wǒ huì jiějué zhè jiàn shì." Tā yòng shǒuzhǐ zuò le yígè mófǎ shǒushì, shuō, "Zhǎng!" Tā mǎshàng jiù zhǎngdào sānbǎi chǐ gāo. Tā zǒu shàng qián qù, yánzhe dìmiàn láihuí huīdòngzhe tā de jùdà bàzi. Jīngjí zài bàzi qián dǎo xià. Tā xiàng qián zǒu, zài jīngjí dìshàng, qīng chū yìtiáo lù. Tángsēng qízhe mǎ zǒu zài tā de shēnhòu, Sūn Wùkōng hé Shā gēn zài hòumiàn.

唐僧很不高兴。"我们能做什么？"他问。

沙说，"别担心，师父。让我们做农夫做的事。我们只是放火烧荆棘，用这个办法清出一条路。"

猪笑着说，"那不行。如果你想烧荆棘，你必须在十月的时候做，那时一切都很干。现在荆棘是绿色的，在生长，它们不会燃烧。"

孙悟空说，"是的，即使[41]你能生起火，火也会很大很热，可能会烧死我们所有的人。"

猪说，"不要再说了。我会解决这件事。"他用手指做了一个魔法手势，说，"长！"他马上就长到三百尺高。他走上前去，沿着地面来回挥动着他的巨大耙子。荆棘在耙子前倒下。他向前走，在荆棘地上，清出一条路。唐僧骑着马走在他的身后，孙悟空和沙跟在后面。

---

41 即使　　　　jíshǐ – even though

Tāmen zǒu le yì zhěng tiān. Yèwǎn dàolái shí, tāmen lái dào le yípiàn kòngdì. Kòngdì zhōngjiān shì yíkuài shítou. Shítou shàng kèzhe dàzì, "Jīngjí Lǐng." Xiàmiàn de huà shì,

> Bābǎi lǐ de jīngjí
> Zhè shì yìtiáo hěn shǎo yǒu rén jīngguò de lù

Zhū dú le zhèxiē huà. Tā xiàozhe shuō, "Ràng lǎo zhū zài jiā jǐ jù huà!" Ránhòu, tā zài shítou dǐ kè shàng le zhèxiē huà,

> Dàn xiànzài Zhū Bājiè kāi chū le yìtiáo lù
> Tā dàizhe wǒmen zhí tōng xiàng xīfāng

Tángsēng lèi le, xiǎng xiūxi yígè wǎnshàng. Dànshì Zhū xīwàng jìxù. Suǒyǐ Zhū zài tāmen qiánmiàn kāilù, tāmen jìxù zǒuzhe. Tāmen zǒu le yì zhěng yè hé dì èr tiān de yì zhěng tiān. Dì èr tiān wǎnshàng, hěn lèi de yóurén lái dào le lìng yígè kòngdì. Kòngdì zhōngjiān yǒu yígè xiǎo shénshè. Dāng tāmen zài kàn tā shí, yí wèi lǎorén zǒuchū le shénshè. Zài tā pángbiān shì yígè hóng fà xiǎo móguǐ, názhe

他们走了一整天。夜晚到来时,他们来到了一片空地⁴²。空地中间是一块石头。石头上刻着大字,"荆棘岭。"下面的话是,

八百里的荆棘

这是一条很少有人经过的路

猪读了这些话。他笑着说,"让老猪再加几句话!"然后,他在石头底刻上了这些话,

但现在猪八戒开出了一条路

它带着我们直通向西方

唐僧累了,想休息一个晚上。但是猪希望继续。所以猪在他们前面开路,他们继续走着。他们走了一整夜和第二天的一整天。第二天晚上,很累的游人来到了另一个空地。空地中间有一个小神社⁴³。当他们在看它时,一位老人走出了神社。在他旁边是一个红发小魔鬼,拿着

---

42 空地　　kòngdì – a clearing
43 神社　　shénshè – shrine

yì pán gāo.

Lǎorén guì le xiàlái, duì Tángsēng shuō, "Dà shèng, zhège kělián de lǎorén shì Jīngjí Lǐng de tǔdì shén. Zài zhè bābǎi lǐ yuǎn de dìfāng, zhǐyǒu zhè yí dòng fángzi. Qǐng chī diǎn shíwù, jīn wǎn zài zhèlǐ xiūxi."

Zhū zǒu shàng qián, qù jiē pánzi. Dàn Sūn Wùkōng duì tā hǎn dào, "Tíng!" Ránhòu tā duì lǎorén shuō, "Nǐ shì shuí? Nǐ wèishénme yào piàn wǒmen?"

Lǎorén hé xiǎo móguǐ mǎshàng xiāoshī le. Yízhèn qiángdà de lěngfēng chuī lái. Tā bǎ Tángsēng chuī dào kōngzhōng, bǎ tā dàizǒu le. Fēng dàizhe tā zǒu le xǔduō lǐ lù. Zuìhòu, tā qīng qīng de bǎ tā fàng zài yì jiàn bèi wù wéizhe de xiǎo fángzi qián. Lǎorén hé hóng fà xiǎo móguǐ zàicì chūxiàn.

Lǎorén duì Tángsēng shuō, "Qǐng búyào hàipà. Wǒmen búhuì shānghài nǐ. Wǒ shì Jīngjí Lǐng de Shíbā Gōng. Zhè shì yígè měilì de yè

一盘糕。

老人跪了下来,对唐僧说,"大圣,这个可怜的老人是荆棘岭的土地神。在这八百里远的地方,只有这一栋房子。请吃点食物,今晚在这里休息。"

猪走上前,去接盘子。但孙悟空对他喊道,"停!"然后他对老人说,"你是谁?你为什么要骗我们?"

老人和小魔鬼马上消失了。一阵强大的冷风吹来。它把唐僧吹到空中,把他带走了。风带着他走了许多里路。最后,它轻轻地把他放在一间被雾围着的小房子前。老人和红发小魔鬼再次出现。

老人对唐僧说,"请不要害怕。我们不会伤害你。我是荆棘岭的十八公[44]。这是一个美丽的夜

---

[44] As we will see, he is really the spirit of the pine tree. His name, Eighteenth Squire, consists of the characters for eight (八), ten (十) and squire (公) which together form the character for pine tree (松).

wǎn, yuèliang hé xīngxīng dōu zài kànzhe wǒmen. Wǒ qǐngqiú nǐ jīntiān wǎnshàng jiù xiàng yígè péngyǒu nàyàng, yòng yìxiē shíjiān hé wǒ zài yìqǐ, tán tán shī."

Tángsēng kàn le fángzi de sìzhōu hé kòngdì. Tā zhēnde shì hěn piàoliang. Ránhòu, tā tīngdào yǒurén shuō, "Kàn, Shíbā Gōng bǎ Táng héshang dài dào zhèlǐ le!" Yòu yǒu sān gè lǎorén lái le. Yígè yǒu xiàng xuě yíyàng bái de tóufà, dì èr gè yǒuzhe lǜsè de liǎn hé tóufà, dì sān gè yǒuzhe lán hēi sè de tóufà. Tāmen dōu xiàng Tángsēng jūgōng. Qízhōng yígè rén duì tā shuō, "Shèng sēng, wǒmen tīngshuō nǐ zhèngzài xīyóu. Wǒmen hěn gāoxìng nǐ jīntiān wǎnshàng hé wǒmen zài yìqǐ, wǒmen qǐngqiú nǐ, gěi wǒmen yìxiē nǐ de zhìhuì."

"Nǐ shì shuí?" Tángsēng wèn.

Nàgè bái tóufà de rén shuō,

> "Wǒ shì Gū Zhí Gōng.
> Wǒ huó le yìqiān nián
> Wǒ de shùzhī pèngdào tiānkōng

晚，月亮和星星都在看着我们。我请求你今天晚上就像一个朋友那样，用一些时间和我在一起，谈谈诗。"

唐僧看了房子的四周和空地。它真的是很漂亮。然后，他听到有人说，"看，十八公把唐和尚带到这里了！"又有三个老人来了。一个有像雪一样白的头发，第二个有着绿色的脸和头发，第三个有着蓝黑色的头发。他们都向唐僧鞠躬。其中一个人对他说，"圣僧，我们听说你正在西游。我们很高兴你今天晚上和我们在一起，我们请求你，给我们一些你的智慧。"

"你是谁？"唐僧问。

那个白头发的人说，

> "我是孤直公。
> 我活了一千年
> 我的树枝碰到天空

Wǒ de yīnyǐng gài zài dìmiàn

Wǒ de shēntǐ bèi xuě gàizhe

Wǒ qiángyìng gāodà

Méiyǒu shìjiè shàng de huī hé tǔ."

Nàgè lǜ tóufà de rén shuō,

"Wǒ shì Líng Kòngzi.

Wǒ jiànguò yìqiān gè dōngtiān

Wǒ de shēntǐ gāodà yòu qiángyìng

Yèlǐ yǔ shēng chuán lái

Wǒ de lǜyè gěi dàdì dài lái yīnyǐng

Lóng hé hè shēnghuó zài wǒ de shùzhī shàng

Wǒ de gēn zhīdào chángshēng de mìmì."

Nàge lán hēi tóufà de rén shuō,

"Wǒ shì Fú Yún Sǒu.

Wǒ jīngguò le yìqiān gè qiūtiān

Zhèlǐ méiyǒu fènnù, zhǐyǒu lěngjìng hé fàngsōng

我的阴影[45]盖在地面

　　我的身体被雪盖着

　　我强硬高大

　　没有世界上的灰和土。"

那个绿头发的人说,

　　"我是<u>凌空子</u>。

　　我见过一千个冬天

　　我的身体高大又强硬

　　夜里雨声传来

　　我的绿叶给大地带来阴影

　　龙和鹤生活在我的树枝上

　　我的根知道长生的秘密。"

那个蓝黑头发的人说,

　　"我是<u>拂云叟</u>。

　　我经过了一千个秋天

　　这里没有愤怒,只有冷静和放松

---

45 阴影　　yīnyǐng – shadow, shade

Qī gè yǒu zhìhuì de rén gēn wǒ tán Dào
Wǒ de liù gè péngyǒu hé wǒ yìqǐ chànggē hējiǔ
Wǒ hé tiāntáng yìqǐ
Wǒ hé shén tóng yóu."

Tángsēng zhuǎnxiàng Shíbā Gōng, wèn, "Nà nǐ ne?" Shíbā Gōng huídá,

"Wǒ yě huó le yìqiān nián
Wǒ yòu gāo yòu qiáng yòu lǜ
Wǒ de lìliàng láizì yǔshuǐ hé lùshuǐ
Wǒ hē zhe shāngǔ de fēng hé wù
Xiānrénmen zuò zài wǒ de lǜ shùzhī xià
Xià qí, tánzhe Dào."

Tángsēng xiàozhe shuō, "Nǐmen dōu huó le hěnjiǔ, nǐmen dōu hěn qiángdà, hěn piàoliang, nǐmen xué le Dào. Tài hǎo le!"

"Nà qǐngwèn shèng sēng de niánlíng?" Sì gè lǎorén tóngshí wèn.

七个有智慧的人跟我谈道

我的六个朋友和我一起唱歌喝酒

我和天堂一起

我和神同游。"

唐僧转向十八公,问,"那你呢?"十八公回答,

"我也活了一千年

我又高又强又绿

我的力量来自雨水和露水[46]

我喝着山谷的风和雾

仙人们坐在我的绿树枝下

下棋,谈着道。"

唐僧笑着说,"你们都活了很久,你们都很强大,很漂亮,你们学了道。太好了!"

"那请问圣僧的年龄?"四个老人同时问。

---

[46] 露水　　lùshuǐ – dew

Tángsēng huídá,

"Sìshí nián qián, wǒ líkāi le wǒ māma de dùzi
Zài wǒ chūshēng zhīqián, máfan jiùshì wǒ de mìngyùn,
Wǒ táo le chūlái, piào zài hǎilàng shàng
Wǒ dào le Jīn Shān, bèi jiù le
Wǒ xuéxí le fó dào, dú le shèng shū
Wǒ zhǐ xiǎng bài fó
Xiànzài bìxià bǎ wǒ sòng wǎng xīfāng
Wǒ hěn gāoxìng néng jiàn dào nǐmen zhèxiē gǔ shénxiān!"

Qízhōng yí wèi lǎorén shuō, "Zhè wèi shèng sēng zhēnshì yí wèi gāosēng. Wǒmen de yùnqì hěn hǎo, jīn wǎn néng zài zhèlǐ jiàndào nǐ. Wǒmen qiú nǐ jiāo wǒmen fó dào. Zhè shì wǒmen yìqiān nián lái de xīnyuàn."

Jiù zhèyàng, Tángsēng hé sì gè gǔrén zuò zài yìqǐ, jiāo tāmen fó de zhìhuì. Tā jiǎng le hěnjiǔ. Gǔrénmen tīngzhe.

Dàn ránhòu Fú Yún Sǒu shuō, "Shèng sēng, Dào cóng Zhōngguó kāishǐ, yǐjīng zài Zhōngguó jǐ qiān nián le. Dàn xiànzài nǐ zài zhèlǐ, yào qù xī

唐僧回答，

"四十年前，我离开了我妈妈的肚子
在我出生之前，麻烦就是我的命运，
我逃了出来，漂在海浪上
我到了金山，被救了
我学习了佛道，读了圣书
我只想拜佛
现在陛下把我送往西方
我很高兴能见到你们这些古神仙！"

其中一位老人说，"这位圣僧真是一位高僧。我们的运气很好，今晚能在这里见到你。我们求你教我们佛道。这是我们一千年来的心愿。"

就这样，唐僧和四个古人坐在一起，教他们佛的智慧。他讲了很久。古人们听着。

但然后拂云叟说，"圣僧，道从中国开始，已经在中国几千年了。但现在你在这里，要去西

fāng de Yìndù zhǎo zhìhuì. Nǐ zài zhǎo shénme? Shí shīzi bǎ nǐ de xīn názǒu le ma? Nǐ wàngjì le nǐ chūshēng de tǔdì. Nǐ qiú fó de zhìhuì, dàn nǐ bú qù zhùyì jiù zài nǐ yǎnqián de zhìhuì! Nǐ hé Jīngjí Lǐng shàng de jīngjí yíyàng kùnhuò. Nǐ zěnme néng jiāo biérén, dàizhe biérén? Nǐ bìxū zǐxì jiǎnchá nǐ zìjǐ de shēnghuó, nǐ bìxū jìngzuò. Zhǐyǒu zhèyàng, nǐ cáinéng yòng méiyǒu dǐ de lánzi dǎ shuǐ."

Tángsēng ānjìng de tīngzhe zhè huà, ránhòu tā gǎnxiè le Fú Yún Sǒu gǔrén, xiàng tā kòutóu. Líng Kòngzi xiàozhe shuō, "Qǐng qǐlái, shèng fù. Nǐ búyòng xiāngxìn wǒmen péngyǒu shuō de yíqiè. Jīntiān wǎnshàng, wǒmen búyào zài yǒu zhèyàng rènzhēn de tánhuà le. Wǒmen yīnggāi niàn shī, fàngsōng, xiǎngshòu yèwǎn!"

Jiù zhèyàng, zhè wǔ gè rén zài shèngxià de yèwǎn lǐ hē chá, niàn shī, xiǎngshòu tāmen zài yìqǐ de shíjiān. Tāmen zhōng de yígè rén huì niàn yíjù shī, xiàng "Kōngkōng de tóunǎo jiù xiàng méiyǒu huī hé tǔ

方的<u>印度</u>找智慧。你在找什么？石狮子把你的心拿走了吗？你忘记了你出生的土地。你求佛的智慧，但你不去注意就在你眼前的智慧！你和<u>荆棘岭</u>上的荆棘一样困惑。你怎么能教别人、带着别人？你必须仔细检查你自己的生活，你必须静坐。只有这样，你才能用没有底的篮子打水[47]。"

<u>唐僧</u>安静地听着这话，然后他感谢了<u>拂云叟</u>古人，向他叩头。<u>凌空子</u>笑着说，"请起来，圣父。你不用相信我们朋友说的一切。今天晚上，我们不要再有这样认真的谈话了。我们应该念诗，放松，享受夜晚！"

就这样，这五个人在剩下的夜晚里喝茶，念诗，享受他们在一起的时间。他们中的一个人会念一句诗，像"空空的头脑就像没有灰和土

---

[47] This is an interesting defense of traditional Daoism. The "bottomless basket" in the last line is possibly a reference to Chapter 4 of the *Dao De Jing*, where Laozi says, "Dao is a bottomless cup that need not be filled. Profound and deep, it is the root of ten thousand things."

de yuèliang," ránhòu lìng yí gè rén huì jiā dì èr jù, lìng yì rén huì zài jiā dì sān jù. Jiù zhèyàng, tāmen chuàngzuò chū le měilì de cháng shī. Hòulái, tāmen měi gè rén yòu niàn le gèng cháng de shī. Měi gè rén niàn wán zìjǐ de shī hòu, qítā de rén dōu xiàozhe chēngzàn tā de měilì de shī.

Tāmen jiù zhèyàng guò le yí yè. Jiù zài zǎochén de tàiyáng kāishǐ zài dōngfāng de tiānkōng zhōng fāguāng shí, Tángsēng duì sì wèi lǎorén shuō, "Wǒ de péngyǒumen, zhè zhēnshì tài měihǎo le. Dàn xiànzài wǒ bìxū huí dào wǒ túdì nàlǐ. Wǒ xiāngxìn tāmen hěn dānxīn wǒ. Wǒ bìxū jìxù wǒ de xīyóu."

"Ò, qǐng zài duōliú yìxiē shíjiān!" Lǎorénmen jiàodào. "Búyào dānxīn nǐ de túdì. Guò yīhuǐ'er, wǒmen huì dài nǐ huíqù jiàn tāmen." Tángsēng duì zhè yǒudiǎn dānxīn, dàn tā méiyǒu shuō shénme.

的月亮，"然后另一个人会加第二句，另一人会再加第三句[48]。就这样，他们创作[49]出了美丽的长诗。后来，他们每个人又念了更长的诗。每个人念完自己的诗后，其他的人都笑着称赞[50]他的美丽的诗。

他们就这样过了一夜。就在早晨的太阳开始在东方的天空中发光时，唐僧对四位老人说，"我的朋友们，这真是太美好了。但现在我必须回到我徒弟那里。我相信他们很担心我。我必须继续我的西游。"

"哦，请再多留一些时间！"老人们叫道。"不要担心你的徒弟。过一会儿，我们会带你回去见他们。"唐僧对这有点担心，但他没有说什么。

---

[48] This poetic style is called "pushing the needle" or "thimble" (顶针, dǐngzhēn) is when the last word of one line of a poem is used as the first word of the following line.
[49] 创作　　chuàngzuò – to create
[50] 称赞　　chēngzàn – to compliment

Jiù zài zhège shíhòu, liǎng gè niánqīng nǚhái zǒu jìn le kòngdì. Tāmen chuānzhe lán sè cháng yī. Tāmen de shēnhòu shì yígè xiānnǚ. Tā chuānzhe yìtiáo fěnhóngsè de qúnzi, qúnzi shàng huà yǒu zǐsè de lǐzi, hái yǒu yí jiàn hóng sè de shàngyī. Tā de yǎnjīng xiàng xīngxīng. Tā xiàng sì wèi lǎorén wènhǎo. Ránhòu tā kàndào le Tángsēng. Tā ràng niánqīng nǚhái qù gěi dàjiā ná cháshuǐ. Ránhòu, tā zuò zài Tángsēng de shēnbiān, lí tā hěn jìn. Tā āijìn tā, dī shēng shuō, "Suǒyǐ, nǐ jiùshì zuótiān wǎnshàng lái de kèrén! Nǐ néng gěi wǒ yì shǒu nǐ měilì de shī ma?"

Tángsēng zhǎo bú dào huà lái huídá tā. Tā jìxù shuō, "Nǐ zěnmele? Rúguǒ nǐ jīntiān wǎnshàng bùxiǎng hé wǒ yìqǐ wán, nà nǐ zài děng shénme? Shēngmìng hěn duǎn, wǒmen xiànzài jiù qù zuò ba!"

Tángsēng háishì shuō bù chū huà lái. Gū Zhí Gōng shuō, "Zhè wèi shèng sēng zhǎodào le Dào. Tā bú huì zuò rènhé búduì de shì. Rúguǒ Xìng Xiān yuànyì, tāmen liǎng rén xiànzài jiù kěyǐ zài zhèlǐ jiéhūn."

Zhèshí Tángsēng de liǎn biàn hóng le. Tā tiào qǐlái, hǎn dào, "Nǐ

就在这个时候，两个年轻女孩走进了空地。她们穿着蓝色长衣。她们的身后是一个仙女。她穿着一条粉红色的裙子，裙子上画有紫色的李子[51]，还有一件红色的上衣。她的眼睛像星星。她向四位老人问好。然后她看到了唐僧。她让年轻女孩去给大家拿茶水。然后，她坐在唐僧的身边，离他很近。她挨近他，低声说，"所以，你就是昨天晚上来的客人！你能给我一首你美丽的诗吗？"

唐僧找不到话来回答她。她继续说，"你怎么了？如果你今天晚上不想和我一起玩，那你在等什么？生命很短，我们现在就去做吧！"

唐僧还是说不出话来。孤直公说，"这位圣僧找到了道。他不会做任何不对的事。如果杏仙愿意，他们两人现在就可以在这里结婚。"

这时唐僧的脸变红了。他跳起来，喊道，"你

---

[51] 李子　　lǐzi – plum

men dōu shì yāoguài, xiǎng bǎ wǒ dài lí fó dào. Wǒ hěn gāoxìng hé nǐmen yìqǐ niàn shī, hē chá, dànshì wǒ jùjué zuò nàge!"

Sì gè lǎorén tīngzhe tā, dàn shénme yě méi shuō. Dàn hóng fà xiǎo móguǐ lěng lěng de shuō, "Xìng Xiān shì wǒ de jiějie. Tā zěnmele? Nǐ bù xǐhuān tā ma? Nǐ zài zuò yígè cuò de juédìng, nǐ zhīdào, wǒmen kěnéng huì shēngqì. Rúguǒ wǒmen shēngqì le, wǒmen huì quèbǎo nǐ yǒngyuǎn bùnéng líkāi zhège dìfāng, yǒngyuǎn bùnéng jiéhūn, yǒngyuǎn bùnéng chéngwéi yígè héshang. Nǐ de yìshēng jiāng shénme dōu méiyǒu."

Tángsēng zhè cái zhīdào tā yǒu dà máfan le. Jiù zài zhè shí, tā tīngdào Sūn Wùkōng, Zhū hé Shā zài jiào tā de míngzì. Tā hǎn dào, "Túdìmen, wǒ zài zhèlǐ! Jiù wǒ!"

Tā gāng shuō zhè huà, sì gè lǎorén, měinǚ hé xiǎo móguǐ dōu xiāoshī le. Tángsēng gàosù tā de túdì fāshēng le shénme. Sūn Wùkōng kàn le sìzhōu. Zài kòngdì de biān shàng, tā kàndào yì kē dà guì shù, yì kē lǎo bǎi shù, yì kē lǎo song shù hé yì kē lǎo zhú shù. Zhú shù

们都是妖怪，想把我带离佛道。我很高兴和你们一起念诗，喝茶，但是我拒绝做那个！"

四个老人听着他，但什么也没说。但红发小魔鬼冷冷地说，"杏仙是我的姐姐。她怎么了？你不喜欢她吗？你在做一个错的决定，你知道，我们可能会生气。如果我们生气了，我们会确保你永远不能离开这个地方，永远不能结婚，永远不能成为一个和尚。你的一生将什么都没有。"

唐僧这才知道他有大麻烦了。就在这时，他听到孙悟空、猪和沙在叫他的名字。他喊道，"徒弟们，我在这里！救我！"

他刚说这话，四个老人、美女和小魔鬼都消失了。唐僧告诉他的徒弟发生了什么。孙悟空看了四周。在空地的边上，他看到一棵大桧[52]树、一棵老柏[53]树、一棵老松树和一棵老竹树。竹树

---

52 桧　　guì – juniper
53 柏　　bǎi – cypress

hòumiàn shì yì kē hóng fēng shù. Fùjìn yǒu yì kē lǎo xìng shù.

"Wǒ xiǎng wǒ zhǎodào le zhèxiē móguǐ," Sūn Wùkōng shuō. "Shíbā Gōng shì song shù. Gū Zhí Gōng shì bǎ shù. Líng Kòngzi shì guì shù. Fú Yún Sǒu shì zhú shù. Hóng fà xiǎo móguǐ shì fēng shù. Xìng Xiān jiùshì xìng shù. Nǐ de péngyǒu shì zhèxiē shù de shù shén, dànshì zài zhè qiān nián zhōng, tāmen biàn dé hěn kùnhuò. Tāmen bù zài réncí, tāmen biàn dé hěn wéixiǎn."

Zhū tīngdào zhè huà hòu, mǎshàng chōng shàng qián qù, bǎ tā de bàzi gāo gāo de jǔguò tóudǐng. Tā bǎ bàzi zá xiàqù, bǎ suǒyǒu de shù dōu zá dǎo zài dìshàng. Tángsēng xiǎng yào zǔzhǐ tā, dàn Sūn Wùkōng shuō, "Shīfu, fàngxià nǐ duì zhèxiē móguǐ de réncí xīn ba. Rúguǒ wǒmen xiànzài bú zhèyàng zuò, tāmen zhǐ huì zài yǐhòu biàn dé gèng wéixiǎn." Suǒyǐ, Tángsēng kànzhe Zhū bǎ shù zá chéng xiǎo shùzhī.

Tā zuò wán hòu, túdìmen bāngzhe Tángsēng shàng le tā de mǎ. Tāmen

后面是一棵红枫树。附近有一棵老杏树。

"我想我找到了这些魔鬼，"孙悟空说。"十八公是松树。孤直公是柏树。凌空子是桧树。拂云叟是竹树。红发小魔鬼是枫树。杏仙就是杏树。你的朋友是这些树的树神，但是在这千年中，他们变得很困惑。他们不再仁慈，他们变得很危险。"

猪听到这话后，马上冲上前去，把他的耙子高高地举过头顶。他把耙子砸下去，把所有的树都砸倒在地上。唐僧想要阻止他，但孙悟空说，"师父，放下你对这些魔鬼的仁慈心吧。如果我们现在不这样做，他们只会在以后变得更危险。"所以，唐僧看着猪把树砸成小树枝。

他做完后，徒弟们帮着唐僧上了他的马。他们

---

54 枫　　fēng – maple
55 杏　　xìng – apricot

yǐjīng jiējìn jīngjí dì de biān. Zhū shuō le mó yǔ, tā zàicì biàn dà. Tā qīng chū le yìtiáo xiǎolù, ràng yóurénmen nénggòu bì kāi jīngjí. Tāmen zàicì zhǎodào le lù, jìxù tāmen xiàng xī de lǚtú.

已经接近荆棘地的边。猪说了魔语,他再次变大。他清出了一条小路,让游人们能够避开荆棘。他们再次找到了路,继续他们向西的旅途。

The Rain of Blood
Chapter 62

My child, last night I told you the story about the monk Tangseng and his three disciples. They used a magic fan to extinguish the Mountain of Fire. They waved the magic fan, the burning mountain became cool, and rain fell from the sky. Fire and water were in harmony, yin and yang were in balance. The minds of the four travelers were quiet. With no worries they crossed the cool mountain and continued on their westward journey.

Autumn was coming to an end, it was now the beginning of winter. In the mornings they saw frost on the ground. Ice appeared at the banks of streams and rivers. The days were bright. At night they could see thousands of stars in the sky.

After a few weeks of traveling they came to a large city. Surrounding the city was a wide moat. A bridge crossed the moat and led to a pair of large city gates. The travelers saw that the streets were clean. There were flowers in the windows of the buildings. They could hear the voices of men singing in a tavern.

Tangseng said to his disciples, "This is a large city. It looks like the home of a powerful king."

The pig-man Zhu Bajie laughed and said, "It's just a city. How can you tell that it's the home of a king?"

"Just look at it," said Sun Wukong. "The wall that surrounds this city are probably a hundred miles long. It has at least ten gates. And look at the buildings, they are so tall that their tops are hidden by clouds. Master is right, this must be the home of a great king."

They crossed the bridge and entered the city. Looking around they saw that the people looked healthy and wore nice clothing. But when they walked a bit further they saw a group of monks wearing old rags. The monks walked from door to door, begging for food.

Tangseng looked at the monks and said, "When the rabbit dies, the fox cries. Wukong, go and ask those poor monks why they are begging for food and wearing old rags."

Sun Wukong walked up to them and asked, "Brother monks, you look poor and unhappy. Why are you suffering?"

One of the monks replied, "Father, I see that you are from another country. We are monks from Golden Light Monastery. It is not safe for us to stand in the street and talk about this matter. Please come with us to the monastery, I will explain everything."

The travelers and the ragged monks walked together to the Golden Light Monastery. They entered. Tangseng looked around. It was a large monastery. At one time it had been beautiful, but now there were no monks in the building. There was dirt on the floors, the walls were covered with dust, and the main hall was silent. The only sound was a few birds flying across the hall.

They entered the main hall. In the back of the hall, several young monks were chained to pillars. Tangseng saw all this and he began to cry.

One of the monks said, "Father, please tell me, are you the travelers who come from the Tang Empire in the east?"

Sun Wukong was surprised to hear this. He said to the monk, "Brother, how do you know this? Do you have magic powers?"

"We have no magic powers. But we have suffered badly. Every day we call out to heaven and earth asking for help. Last night each of us had the same dream. In our dreams we were told that a holy monk would arrive from the Tang Empire and save our lives. And now today you are here!"

"We may be able to help you," said Tangseng. "Please tell us your problems."

"Holy Father, this city is called the Sacrifice Kingdom. We are surrounded by four other kingdoms. In years past, all four of the neighboring kingdoms gave us tribute money. We did not have to fight them."

Tangseng said, "If they paid you tribute, they respect and fear you. You must have an upright king, good ministers, and a strong army."

"Holy Father, our king is not upright, our ministers are not good, and our army is not strong. Our neighbors paid us tribute because of this Golden Light Monastery. In the daytime beautiful colored clouds appeared above the monastery. At night beams of light shone from the monastery and could be seen thousands of miles away. All four kingdoms saw this and gave us tribute."

"That sounds wonderful," said Tangseng.

"Yes, it was wonderful. But three years ago, at midnight on the first day of winter, there was a rainstorm of blood. It rained down on the entire city, and it covered the monastery. The monastery was covered with blood. After that, the colorful clouds did not appear in the daytime. The beams of light did not appear at night. The four kingdoms saw this and they stopped paying tribute. The king did not understand what happened. His ministers also did not understand, but they had to tell the king something. So they told the king that the monks of this temple had stolen treasures from the temple. The king believed their story. He had us arrested, beaten, and put in chains. Most of the monks are now dead, only a few of us are left alive. We beg you to save our lives and save our monastery!"

Tangseng was silent for a few minutes, thinking. Then he said, "I would like to meet with your king so that he can certify our travel rescript. However, I do not understand what has happened here. It is hard for me to speak with your king about this matter. So first, I would like to bathe and have some dinner. Then please give me a broom. I want to sweep out your pagoda. Then perhaps I can learn what caused the rain of blood. If I understand this matter, I will be able to talk with your king and try to help you."

The monks wanted to prepare a bath for Tangseng and fix dinner for the travelers, but they could not because they were chained to pillars in the back of the hall. Sun Wukong saw this. He waved his hand and used his lock-opening magic. Instantly the locks opened and the monks' chains fell to the floor.

The four travelers ate a vegetarian dinner prepared by the monks. Then Tangseng said to them, "You should all go to sleep. Let me sweep out the pagoda." He removed his cassock, put on a long undershirt, tied it with a sash, picked up a broom, and went to sweep out the pagoda.

Sun Wukong said, "Master, this rain of blood was caused by some kind of evil magic. Who knows what evil creatures are living in this pagoda? Please let me help you sweep the pagoda." Tangseng agreed. The monkey king picked up another broom. Together they went into the main hall. Tangseng burned some incense and prayed to the Buddha to reveal the source of the evil rain of blood. Then they began to sweep the pagoda.

The pagoda was very tall with thirteen floors. They started on the first floor, finished sweeping it, then went up to the second floor. They continued to sweep the pagoda, floor by floor. By the time they got to the tenth floor Tangseng was so tired that he could not stand up anymore. "Master," said Sun Wukong, "you are tired. Please let me finish the final three floors." Tangseng agreed, and he sat down to rest. Soon he fell asleep.

Sun Wukong was not tired. He swept the tenth and eleventh floor and walked upstairs to the twelfth floor. He heard two people were talking. "That's strange!" he said. "It's now the hour of the third watch, why would anyone be up here at the top of the pagoda?" Quietly he put down his broom, flew out a window, and floated up to the top floor. There on the thirteenth floor, two monster spirits were sitting on the floor. In front of them on the floor was a pot of rice, two bowls, and a pot of wine. The monsters were playing a game of guess-fingers. Sun Wukong whipped out his golden hoop rod and shouted at them, "Aha! You are the ones who stole the monastery's treasures!"

The monsters jumped up and threw the pot of rice and the pot of wine at Sun Wukong. Sun Wukong easily moved aside to avoid the flying pots. He said to them, "I should kill you now but I won't. I need you alive so you can tell your story to the king!"

The monsters backed up until they were up against the wall. "Please don't kill us!" they cried. "We did not take the treasure. Someone else took it."

Sun Wukong grabbed each of them by the arm and dragged them down to the tenth floor. He woke up Tangseng and said to him, "Master, I have captured the thieves! I found them on the top floor of the pagoda. They were playing guess-fingers, eating rice and drinking wine. I wanted to kill them, but I decided to let them live so they could tell you where they put the monastery's treasure."

Before Tangseng could say anything one of the monsters started to speak. "Please don't kill us! I will tell you everything." Tangseng just waited quietly.

The monster continued, "I am called Bubble Busy, and my friend's name is Busy Bubble. We are both fish spirits. We were sent here by the All Saints Dragon King. He lives in Green Wave Lagoon. The Dragon King has a beautiful daughter. She is married to a powerful magician named Nine Heads. Two years ago, Nine Heads sent down a rain of blood onto this monastery. Then he stole the monastery's treasure, the sarira of Buddha. Then the daughter went up to heaven and stole a nine-lobed magic mushroom. Now the sarira and the magic mushroom are both at the bottom of the lagoon. They create beautiful mists and bright lights for the enjoyment of the Dragon King, his daughter, and the magician."

"I know this All Saints Dragon King," said Sun Wukong to Tangseng. "He was the one who invited Bull Demon King to an underwater banquet. I have already seen his green lagoon." Then turning to Bubble Busy he said, "And why are you here in the pagoda?"

"Recently we heard that a powerful monkey named Sun Wukong was coming here. The Dragon King sent us here to watch for him, so we could report back when he arrives."

Just then, Zhu Bajie arrived. Sun Wukong told him about the two fish spirits and the All Saints Dragon King. Zhu whipped out his rake and prepared to smash it down on the heads of the fish spirits. But Sun Wukong said, "Little brother, you have not thought this through. We want these two fish spirits alive, so they can tell their story to the king."

"All right," said Zhu. "But I would really like to use these two to make some fish soup for the monks."

It was very late at night when Sun Wukong and Zhu led the two fish spirits down to the monastery. Several monks walked in front of them, holding their lanterns high. When they got to the main hall of the monastery, Sun Wukong said, "Tie up these two with iron chains. Guard them until tomorrow morning. We are going to sleep now." Then the travelers rested while the monks guarded the two fish spirits.

In the morning, Tangseng put on his best cassock and hat and went to the palace to meet the king. Sun Wukong wore his tiger skin and his silk shirt. "Should we bring the fish spirits to show the king?" he asked.

"No," replied Tangseng. "Let's just talk to the king first to let him know what happened. He can send someone to fetch them later if he wants to."

The two of them walked into the king's palace. When they reached the east gate, Tangseng said to one of the officials, "Please inform the king that this poor monk has been sent by the Tang Emperor to acquire the Buddha's scriptures in the western heaven. We would like to ask the king to certify our travel rescript." The official told this to the king, and the king agreed to see them.

Tangseng and Sun Wukong entered the throne room. The people in the throne room became afraid when they saw Sun Wukong. Tangseng bowed low to the throne, but Sun Wukong just stood with his arms crossed. He did not bow down. Tangseng said, "Your Majesty, we have been sent by the Tang Emperor to journey to the western heaven, to acquire the Buddha's scriptures. Our journey has taken us to your worthy kingdom, and we dare not pass without asking you to certify our travel rescript."

The king opened his hand. Tangseng approached the king and handed him the travel rescript. The king read it carefully. Then he said, "Your emperor was wise to select such an upright monk to make this journey to the west. Unfortunately, we do not have such monks in our kingdom. Our monks are only good for stealing and harming our people and their ruler."

Tangseng asked, "Your Majesty, how did your monks harm you and your people?"

"Our kingdom is the superior nation in this area. All four of our neighbors paid tribute to us every year because of the magic of the Golden Light Monastery. But three years ago, our monks stole treasure from the monastery. Now the four kingdoms do not pay tribute to us anymore."

"Your Majesty, when this poor monk arrived at your city last night, we met some monks who were begging in the streets. They invited us to stay at the Golden Light Monastery. During the night we found two fish spirit monsters hiding in the pagoda. I believe they stole the treasure."

"Where are these fish spirits now?"

"They are locked up in the Golden Light Monastery."

"I will send my guards to get them and bring them here."

"Very good. But may I suggest that my eldest disciple go with them?" The king agreed. He told his guards to bring a sedan chair for Sun Wukong. Eight strong guards picked up the sedan chair and carried Sun Wukong down the streets of the city. Riders on horseback rode ahead of them and behind them, calling out, "Get out of the way!"

They arrived at the Golden Light Monastery. Sun Wukong used his lock opening magic to release the two fish spirits. Zhu grabbed one of them, and the other disciple, Sha Wujing, grabbed the other one. They walked through the city and returned to the palace, with Sun Wukong again riding in the sedan chair.

Zhu and Sha brought the two fish spirits into the throne room. The king looked carefully at them. One of them was covered with black scales. He had a pointed mouth and sharp teeth. The other one had smooth skin, a big belly, and a large mouth. The king said to them, "You two look like fish! Who are you and where are you from? When did you come to our kingdom? What did you do with our treasures? Tell me everything."

The two fish spirits dropped to their knees. One of them said,

> "Your Majesty, three years ago
> On the first day of the seventh month
> The All Saints Dragon King arrived
> To live southeast of this kingdom
> He built a home underneath Green Wave Lagoon
> His daughter was beautiful
> She married Nine Heads, a powerful magician
> They learned of the pagoda's treasure
> They sent down a rainstorm of blood
> They stole your sarira treasure
> Then they went to heaven
> and stole a nine-lobed magic mushroom
> Now your treasure lights up the Dragon King's home
> Please don't punish us
> We are not thieves
> We are only servants of the Dragon King
> We are telling you the truth!"

The king was pleased when he heard this story. He told his guards to put the two fish spirits in jail. Then he issued a decree that the chains should be removed from the monks of the city. He said to Tangseng and the disciples, "We thank you for your help. We wish to hold a banquet for you. At the banquet we will discuss how to arrest the Dragon King and bring back our treasures."

That night a great banquet was held in the king's palace. Tangseng sat at the head table in the place of honor. Sun Wukong sat on his left. Zhu and Sha sat on his right. Vegetables, rice, fruit and tea were placed on their table. The king sat at the table facing Tangseng. Lots of meat dishes were placed on the king's table. A hundred other tables were set up for the rest of the guests.

The king lifted his wine cup and toasted his honored guests. Tangseng dared not drink, but his three disciples all drank some wine. They all ate, but of course Zhu ate much more than the others.

When the banquet was nearly finished, the king said to Tangseng, "Honored guests, let's go to another room. We will discuss how to catch the Dragon King and get our treasures back."

"There is no need for that," replied Tangseng. "We will take care of this matter. My eldest disciple, the monkey king Sun Wukong, has some skill in this matter. He will catch the thief. My second disciple, the pig-man Zhu Bajie, will assist him. My junior disciple, Sha Wujing, will stay here with me."

"Very good. What weapons can we give you?"

"We do not need any weapons," said Sun Wukong. "We have our own weapons and they are quite powerful. However please bring out the two fish spirits. We will bring them with us so they can give us valuable information." The guards brought out the two fish spirits. Sun Wukong grabbed one, Zhu grabbed the other, and together they rose into the sky and flew away.

Chapter 63

The king said, "Truly, these are great sages! This lonely one has eyes but could not see. We thought that your disciples were great warriors. But we did not realize that they were superior immortals who could ride the fog and fly above the clouds!"

Sha Wujing said to the king, "Your Majesty, my elder brother is the Great Sage Equal to Heaven. He caused great trouble in heaven five hundred years ago. Even the Jade Emperor fears him. My other brother is the Marshal of Heavenly Reeds. Long ago he was the leader of eighty thousand soldiers. Compared to them I have very little power, but long ago I was the Curtain Raising Captain. We three are very good at catching monsters, fighting tigers and dragons, stirring up the oceans and rivers, that sort of thing. As for riding fog and flying above the clouds, well, that's really not a big deal at all."

After this, the king and his ministers began using the title "Great Buddha" for Tangseng and "Bodhisattva" for his disciples.

Meanwhile, Sun Wukong and Zhu Bajie dragged the two fish spirits through the sky. Soon they arrived at Green Wave Lagoon. Sun Wukong threw the two fish spirits in the water and said to them, "Go quickly and report to the All Saints Dragon King. Tell him that his father, the Great Sage Equal to Heaven, is here. Tell him to bring out the treasures of the Golden Light Monastery immediately. If he says even half a 'no' I will clear out this lagoon and kill every creature in it."

The two fish spirits swam quickly through the water, still dragging their chains. They swam into the palace of the Dragon King. They saw the king sitting on his throne, drinking with his son in law Prince Nine Heads. The fish spirits shouted, "Great king, disaster! Disaster! Last night we were in the pagoda of the Golden Light Monastery. We were captured by the Great Sage Equal to Heaven and the Tang monk. They bound us with iron chains and dragged us here to make a report to you. They say that you must give them the treasures of the monastery right away, or else they will kill every creature in this lagoon!"

The Dragon King was very afraid because he knew about the powers of Sun Wukong. But Nine Heads said, "Don't worry, father. Your foolish son in law has learned a few things about fighting. Let me go and fight with him for a few rounds. Soon he will be defeated and will kowtow to you."

Picking up his weapon, a large halberd, he swam up and out of the lagoon. From far away he looked like a man. But when Sun Wukong and Zhu looked closely they could see that he had nine mouths. He had eighteen eyes all around his head so he could see in every direction at once. Using all nine mouths he shouted, "Where is this Great Sage? Come here now and give your life to me!"

Sun Wukong stood and looked at him. He held his Golden Hoop Rod in his right hand and tapped it against the palm of his left hand. "Here I am," he said.

Prince Nine Heads shouted at him, "Where do you come from? Why are you here in our kingdom? Why are you guarding the pagoda? And how dare you capture my two helpers and start a fight with me?"

"You monster! Don't you recognize your Grandfather Sun? Listen to this story. Long ago I lived on Flower Fruit Mountain in a cave behind a waterfall above the great ocean. I traveled many thousands of miles to find knowledge and acquire power. The Jade Emperor made me Great Sage Equal to Heaven. I caused big trouble in the halls of heaven. All the gods of heaven could not defeat me. They called on the Buddha himself. He made a bet with me and I lost. His hand and five fingers became a mountain with five peaks. He turned it upside down and trapped me for five hundred years. Bodhisattva Guanyin rescued me. She told me to help the monk Tangseng journey to the western heaven. We have been traveling for several years. Just yesterday we arrived in this kingdom. We heard that the pagoda has lost its light. My master wanted to learn the truth, so last night we swept the pagoda. We found your two monsters at the top of the pagoda. They told me that you were the thief. We told the king, and he sent us here to capture the thief and bring him to the king. Don't ask me any questions. Just return the treasures and you will live. If you fight us I will drain this lagoon. I'll bring down this mountain and kill all of you!"

Nine Heads waited until Sun Wukong was finished. Then he said, "So, you are traveling west to find scriptures. Fine. That has nothing to do with us. Why do you care about this matter?"

"You wretched monster, it's because of you that my brothers, the monks of the temple, are suffering. And it's because of you that the temple is covered with blood. How could I not care?"

"All right, then we must fight. As the saying goes, 'the warrior avoids fighting unless it's necessary.' I will kill you quickly, and that will be the end of your monk's journey to the west."

Nine Heads raised his halberd and brought it down on Sun Wukong's head. The Monkey King easily blocked the halberd with his rod. They fought for thirty rounds, but neither could win. During the fight, Zhu watched from a short distance away, waiting for the right time to get involved. Finally he ran forward and tried to hit Nine Heads with his rake. But Nine Heads had eyes in the back of his head. He saw Zhu coming and blocked the rake with the handle of his halberd.

The fight continued for another six or seven rounds. Nine Heads became tired, he could not continue to fight against both Sun Wukong and Zhu Bajie. So he leaped into the sky and changed into his true form, a large, terrifying nine headed bird. His body was twelve feet long and covered with feathers. His feet were as sharp as knives. His nine heads formed a circle.

Zhu was frightened, but Sun Wukong said, "Let me go up there and fight him!" and jumped into the sky. Zhu followed him.

Sun Wukong tried to hit the bird with his rod. The bird darted to one side to avoid the blow. A new head popped out from the middle of its belly. The head grabbed Zhu. The bird flew down to the lagoon, pulling Zhu down under the water with him. When the bird reached the palace of the Dragon King it changed back to Nine Heads. He said to his father, "Take this monk and tie him up." A crowd of underwater creatures came, grabbed Zhu, and carried him inside the palace.

Sun Wukong was still in the clouds. He had seen the bird drag Zhu underwater. He did not want to fight the Dragon King and the bird underwater. So he changed into a crab and swam down to the Dragon King's palace. He crab-walked sideways into the palace and looked around. He did not see Zhu, but he saw the Dragon King and Nine Heads drinking and talking with their relatives. He crab-walked away from them. He found a few other crabs. He listened to them for a while, then he asked, "Have you seen the ugly pig that our king's son in law brought here? Is he alive or dead?"

"He's still alive," said one of the other crabs. "Can't you see him over there?" Sun Wukong looked and saw Zhu tied up to a pillar. He crab-walked towards Zhu.

Zhu saw him and said, "Elder brother, what should we do?" Sun Wukong used his claw to cut the ropes holding Zhu to the pillar. Zhu said, "The monster took my rake. I think it's in the main hall."

Sun Wukong replied, "I will get your rake. Go and wait for me at the main gate." He crab-walked into the main hall. He saw Zhu's rake. He picked up the rake and used his magic power to hide the rake. Then he walked sideways to the main gate and gave the rake to Zhu.

"I am a better fighter underwater than you are," said Zhu. "You should go. I will fight my way back into the palace. Wait for me on the bank of the lagoon." Sun Wukong swam up to the surface of the lagoon. Zhu gripped his rake with both hands. Swinging the rake he entered the palace. He smashed everything: windows, doors, tables, chairs, even wine cups. The Dragon King and his family all ran for their lives.

The nine headed monster made sure that his wife the princess was safe. Then he grabbed his halberd and ran towards Zhu, shouting, "You wretched pig! How dare you frighten my family!"

"How dare you capture me?" replied Zhu. They began to fight. But soon the Dragon King and his relatives all came out and joined the fight. Zhu could not fight them all. He turned and swam quickly out of the palace and towards the surface of the lagoon. He was followed by Nine Heads, the Dragon King, and all their relatives.

Zhu shot up out of the water. Sun Wukong was waiting on the bank of the lagoon. When the Dragon King came out of the water, Sun Wukong jumped up onto a cloud. He smashed his iron rod onto the Dragon King's head, killing him instantly.

The dragon's dead body fell onto the water, and blood turned the water red. Nine Heads grabbed the dragon's body and carried him down to the underwater palace, followed by all the family members.

Sun Wukong and Zhu sat down on the bank of the lagoon to talk. Zhu said, "I'm glad that you beat that old dragon to death. Now they will be busy for a while, preparing for the funeral. They won't come out again tonight. It's getting late. What should we do now?"

Sun Wukong could see that Zhu was tired and did not want to fight anymore. He said, "Brother, don't worry about the time. This is our best chance to attack them. We can grab the treasures and bring them back to Master and the king!"

Just then, they heard a sound. They looked up and saw a large dark fog coming from the east. Sun Wukong used his diamond eyes to look carefully. He saw that it was Erlang and the Six Brothers of Plum Mountain. They were on a hunting trip. Each of them carried a bow and arrows, and each had a sharp knife in their hand.

Sun Wukong said, "I know these seven, they are my bond brothers. We should ask them to help us." Then he paused for a moment and added, "But Erlang defeated me in battle a long time ago. I am a little bit embarrassed to ask him for help now. Zhu, please help me. Stand in front of them to block their path. When they come up to you, tell them that the Great Sage Equal to Heaven is here to greet them."

Zhu did as he was asked. Erlang asked his six brothers to invite Sun Wukong to see him. The six brothers all ran out of the camp and shouted, "Elder Brother Sun Wukong! Our elder brother requests that you come to see him."

Sun Wukong came out. He greeted each of the six brothers.

Then together they walked into the camp. Erlang said, "Great Sage, you are acquiring merit by helping the Tang monk. Soon you will finish your journey and you will sit on a lotus throne."

"I have a long way to go," he replied. "The Tang monk rescued me and we are heading west. We are passing through this country and are trying to help some Buddhist monks. We are here to capture some demons and retrieve the treasure of their monastery. We saw you and your brothers passing nearby, and we humbly ask your help. However, we don't know what your plans are or whether you will be pleased to help us."

"I have nothing else to do," smiled Erlang, "and I would be happy to help an old friend. Tell me more."

Sun Wukong told the whole story, how they arrived at Sacrifice Kingdom, saw the suffering of the Buddhist monks, found the two demons at the top of the pagoda, brought the demons to the king, went to the lagoon, fought Nine Heads, and killed the Dragon King. He finished by saying, "My brother Zhu and I were just talking about what to do next, when we saw you and your noble brothers coming."

Erlang replied, "Well, you have just killed the old dragon king. Now is the best time to attack!"

But his brothers disagreed. One of them said, "Don't be in a hurry, brother. The nine headed demon's family is here, so he will not run away. We have two guests now. And in our camp we have food and wine. Let's have a banquet tonight with our friends. There will be plenty of time tomorrow for a battle." Erlang agreed. Together they walked back to camp. They had a delicious vegetarian meal and talked for hours. Then they slept, with heaven for their tent and the earth for their beds.

The next morning, Zhu got up. He had a couple of drinks, then he said, "It's getting light. I will go down and fight these monsters."

"Be careful," replied Erlang. "Just bring them up to the surface. My brothers and I will deal with them.""

Zhu nodded his head, then grabbed his rake. He used his water-dividing magic to swim quickly down to the palace. With a loud shout he ran into the palace, swinging his rake. One of the dragon's sons was bending over the dragon's dead body. Zhu smashed his rake down on the son's head, making nine bloody holes in it.

"That pig has killed my son too!" cried the dragon king's widow. All of the dragon king's relatives ran out to fight with Zhu. Zhu turned and swam up to the surface of the lagoon and shot into the air. The relatives followed him. Sun Wukong and the seven brothers attacked them.

During the fight one of the dragon's grandsons was killed. Nine Heads saw that things were going badly. He turned into the huge nine-headed bird and began flying in circles over the battle. Erlang fired an arrow towards the bird, but did not hit it. The bird flew down and grew a new head to bite Erlang. But Erlang's dog jumped up and bit off the new head. The bird turned and flew away towards the Northern Ocean.

Zhu started to chase him, but Sun Wukong stopped him, saying, "Don't chase him. Never corner a defeated enemy. I have a better idea. I will change my appearance so I look like Nine Heads. You chase me down into the palace. I will trick the princess into giving me the treasures."

Erlang said, "OK, we can wait if you want to. But it's not a good idea to let a monster like that live. It will just cause trouble for everyone in the future." And indeed, even today we see these bloody red monsters.

Sun Wukong changed his appearance to look like Nine Heads

and dove into the water. Zhu followed him, shouting and yelling. They arrived at the palace gates. The queen said to Sun Wukong, "My dear son in law, why are you so frightened?"

Sun Wukong replied, "That pig has defeated me, and now he is trying to catch me down here. Quick, hide our treasures!"

The queen ran to the back of the hall, then came back with two boxes. One was made of gold, the other was white jade. She gave the golden box to Sun Wukong, saying, "This is the sarira, the Buddhist treasure." Then she gave the white jade box to him, saying, "And this is the nine-lobed magic mushroom. You must take these far away from here. I will fight with the pig for a few rounds. This will give you time to escape."

Sun Wukong shook his body, changing back to his true form. "Look at me carefully, Queen," he said. "Am I really your son in law?" The queen tried to grab the boxes, but just then Zhu arrived. He hit her on the shoulder with his rake and she fell to the ground.

Zhu raised his rake to hit her again, but Sun Wukong held up his hand to stop him. He said, "Don't kill her! We should bring her back to the king's palace when we make our report."

Sun Wukong and Zhu swam up and out of the lagoon. Sun Wukong carried the two treasure boxes and Zhu dragged the queen by her hand. When they got to the bank of the lagoon, Sun Wukong said to Erlang, "Thank you my friend! We have the missing treasures and we have killed the thieves."

"We did nothing," replied Erlang. "It was because of the king's good fortune and your great power."

"Will you come with us to meet with the king?"

"No, we will leave now, brother monkey." And so Erlang and his six brothers returned to their hunting trip.

Sun Wukong and Zhu brought the queen back to the palace of the King of Sacrifice Kingdom. One of the monks saw them coming. He ran into the palace to tell the king and Tangseng that the monkey and pig had returned. Sun Wukong showed the two treasures to the king and told him the whole story of their visit to the lagoon. The king listened to the story. Then he asked, "Tell me, does the dragon queen know human speech?"

Sun Wukong replied, "She was the wife of the Dragon King for many years, and bore many sons and daughters. How could she not know human speech?"

"If she does, then she must now tell us everything about this matter. Who took the two treasures from the monastery?"

The queen replied, "I know nothing about stealing the Buddhist treasure. My dead husband did that, with help from Nine Heads. They were the ones who brought down the rain of blood on the monastery. As for the magic mushroom, that was the work of my daughter. She went up to heaven and stole the mushroom."

"Tell us about the magic mushroom."

"Long ago it was planted by the Queen Mother of the West. It will live for a thousand years. Wave it with your hand and it will emit a thousand rays of colored light." She paused, then continued, "Now you have the magic mushroom and the Buddhist treasure. You have killed my husband and many of my relatives. I ask you to let me live."

Sun Wukong said to her, "An entire family is not responsible for the crimes of one or two family members. We will let you live. But you must remain at the monastery and become the guardian of the pagoda, for all the rest of your days."

She nodded. "An unhappy life is better than a good death. You may do with me as you wish."

"All right then," said Sun Wukong. He called for the monks to bring him an iron chain. Then he opened one of the links of the chain. He made a hole in her shoulder bone and passed the first link of the chain through the hole, then he closed the link again.

Then all of them went to the Golden Light Monastery and entered the pagoda. Sun Wukong used his magic to summon the local spirit of the city and the guardian spirits of the monastery. He told them that the queen would stay in the pagoda from this day onward. "Bring her food and water every three days," he said. "If she ever tried to escape, kill her immediately." They agreed.

Tangseng used the magic mushroom to sweep out all thirteen floors of the pagoda. Then he put the mushroom in a vase next to the sarira. The pagoda began to shine with colored light again. The light could be seen throughout the kingdom and also in all four neighboring kingdoms.

They all walked out of the pagoda. The king said to Tangseng, "I am glad that you and your three disciples came to our kingdom and got to the bottom of this matter."

Tangseng nodded. Sun Wukong said to the king, "Your Majesty, please think about changing the name of this monastery. Now it is called Golden Light. But gold can melt, and light is just glowing air. If you change the name to Defeated Dragon Monastery, it will last forever." The king agreed, and the name was changed.

That night, the king gave a great banquet for the four travelers. Artists came and painted portraits of the four travelers. Their names were carved in the Five Phoenix Tower. The king offered them gold and jewelry but of course they refused. So the king gave each of them two new sets of clothing, two sets of socks, two pairs of shoes, and two belts. He also gave them food and certified their travel rescript. Then the king gave them his own carriage to take them to the edge of the kingdom, so they could resume their journey. Truly,

> Evil demons have been killed,
> The kingdom has been cleansed,
> The pagoda's light has returned,
> The world is bright again.

Chapter 64

When they reached the western edge of the kingdom, the four travelers got down from the king's carriage and resumed their journey. The king and his people walked with them for a few miles, then they said goodbye and turned back. But some of the monks from the monastery continued to follow them. Tangseng told them to return to the city but they continued to follow, saying that they wanted to stay with the four travelers all the way to the western heaven.

Finally, Sun Wukong took some hairs from his head, blew on them and said, "Change." Each hair became a large tiger. The tigers walked back and forth across the road, growling. The monks dared not follow. The four travelers continued walking, and after a few hours Sun Wukong retrieved his hairs.

A little while later their path was blocked again. In front of them was a huge field of brambles. It covered the road and extended as far as they could see to the left and right. The brambles were large and grew close together. It was impossible for a person or a horse to walk through them.

Zhu said, "These brambles are no problem for me. Using my rake I can move them out of the way and clear a path for us."

"That won't work," replied Tangseng. "You are very strong

but there are too many brambles. You would soon become tired. Wukong, please take a look and tell us how we can get past these brambles."

Sun Wukong jumped up into the air. He shaded his diamond eyes and looked in all directions. As far as he could see, brambles covered the ground. In between the brambles were many large trees covered with vines. All together they appeared to be a vast green cloud covering the earth.

He looked at the field of brambles for a long time. Then he came back down to earth. He said to Tangseng, "Master, this field is enormous. I cannot see the end of it. It must be a thousand miles long."

Tangseng was very unhappy. "What can we do?" he asked.

Sha said, "Don't worry, Master. Let's do what farmers do. We will just set fire to the brambles and clear a path that way."

Zhu laughed and said, "That won't work. If you want to burn the brambles you must do it in the tenth month when everything is dry. Right now the brambles are green and growing, they won't burn."

Sun Wukong said, "Yes, and even if you could start a fire, it would be so big and so hot that it would probably kill all of us."

Zhu said, "Enough talking. I will take care of this matter." He made a magic sign with his fingers and said, "Grow!" Instantly he was three hundred feet tall. He stepped forward, swinging his huge rake back and forth along the ground. The brambles fell before the rake. He walked forward, clearing the path through the brambles. Tangseng walked behind him on his horse, followed by Sun Wukong and Sha.

They walked all day. When evening came, they arrived at a

clearing. In the middle was a stone. The words "Bramble Ridge" were carved in large letters into the stone. Below it were these words,

> Eight hundred miles of brambles
> This is a road that few have traveled

Zhu read the words. He laughed and said, "Let Old Hog add a few more words!" Then he carved these words at the bottom of the stone,

> But now Zhu Bajie has made a path
> It leads us straight to the West

Tangseng was tired and wanted to rest for the night. But Zhu wanted to continue. So they kept walking, with Zhu clearing the path ahead of them. They walked all night and all the next day. The next evening the tired travelers arrived at another clearing. This clearing had a small shrine in the middle. As they looked at it, an old man walked out from the shrine. Next to him walked a small red-haired demon carrying a tray of cakes.

The old man fell to his knees and said to Tangseng, "Great Sage, this poor old man is the local spirit of Bramble Ridge. This is the only house for eight hundred miles. Please take some food and rest here tonight."

Zhu stepped forward to take the tray. But Sun Wukong shouted to him, "Stop!" Then he said to the old man, "Who are you? Why are you lying to us?"

Immediately the old man and the small demon disappeared. A powerful gust of cold wind came. It picked up Tangseng into the air and carried him away. The wind carried him for many miles. Finally it dropped him gently in front of a small fog-covered house. The old man and the small red-haired demon appeared again.

The old man said to Tangseng, "Please do not be afraid. We will not harm you. I am the Eighteenth Squire of Bramble Ridge. It is a beautiful night, the moon and stars are looking down on us. I ask you to spend some time with me tonight, as a friend, to talk about poetry."

Tangseng looked around at the house and the clearing. It certainly was beautiful. Then he heard someone say, "Look, the Eighteenth Squire has brought the Tang monk here!" Three more old men arrived. One had hair as white as snow, the second one had a green face and hair, the third one had blue-black hair. They all bowed to Tangseng. One of them said to him, "Holy monk, we have heard that you are traveling to the west. We are happy that you are here with us tonight, and we ask that you give us some of your wisdom."

"Who are you?" asked Tangseng.

The one with white hair said,

> "I am Lord Lonely Upright.
> I have lived for a thousand years
> My branches touch the sky
> My shadow covers the ground
> My body is covered with snow
> I stand strong and tall
> Free from the dust of the world."

The one with green hair said,

> "I am Master of the Void.
> I have seen a thousand winters
> My body is tall and strong
> At night comes the sound of the rain
> My green leaves give shade to the earth
> Dragons and cranes live in my branches
> My roots know the secret of long life."

The one with the blue-black hair said,

> "I am Ancient Cloud Toucher.
> I have passed a thousand autumns
> No anger here, just calm and relaxed
> The seven wise men talk with me about the Way
> My six friends sing and drink with me
> I am one with heaven
> I travel with the gods."

Tangseng turned to the Eighteenth Squire and asked, "And what about you?" Eighteenth Squire replied,

> "I also have lived for a thousand years
> I am tall, strong and green
> My strength comes from rain and dew
> I drink the wind and fog of the ravines
> Immortals sit under my green branches
> Playing chess and discussing the Way."

Tangseng smiled and said, "You have all lived a long time, you are strong and handsome, and you have learned the Way. Wonderful!"

"And may we ask the age of the holy monk?" asked the four old men at the same time.

Tangseng replied,

> "Forty years ago I left my mother's womb
> Even before my birth, trouble was my fate
> I escaped and floated on the waves
> I reached Golden Mountain and was saved
> I studied the Way and read the holy books
> I only wanted to worship the Buddha
> Now His Majesty has sent me to the West
> I am pleased to meet you ancient immortals!"

One of the old men said, "This holy monk is truly a superior monk. We are fortunate to meet you here tonight. We beg you to teach us the Way. This has been our desire for a thousand years."

And so, Tangseng sat with the four ancient ones and taught them the wisdom of the Buddha. He spoke for a long time. The ancient ones listened.

But then Ancient Cloud Toucher said, "Holy monk, the Way began in China and has been in China for thousands of years. But here you are, seeking wisdom in the west, in India. What are you looking for? Has a stone lion taken out your heart? You have forgotten the land of your birth. You seek the wisdom of the Buddha but you ignore the wisdom that's right in front of you! You are as confused as the brambles here on Bramble Ridge. How can you teach and lead others? You must look carefully at your own life, and you must sit in stillness. Only then will you be able to raise water in a bottomless basket."

Tangseng listened to this in silence, then he thanked Ancient Cloud Toucher and kowtowed to him. Master of the Void laughed and said, "Please get up, holy father. You don't have to believe everything our friend says. Let's not have any more serious discussions tonight. We should recite poetry, relax, and enjoy the night!"

And so, the five spent the rest of the night drinking tea, reciting poetry, and enjoying each others' company. One of them would say a line of poetry, something like "The empty mind is like the dustless moon," then another would add a second line, and another would add a third line. In this way, they created long poems of great beauty. Later, they each recited longer poems. After each one recited their poems, the others smiled and complimented him on the poem's beauty.

In this way they passed the night. Just as the morning sun began to glow in the eastern sky, Tangseng said to the four old men, "My friends, this has been wonderful. But now I must return to my disciples. I'm sure they are worried about me. And I must continue my journey to the west."

"Oh, please stay longer with us!" cried the old men. "Don't worry about your disciples. In a little while we will take you back to meet them again." Tangseng became a little bit worried about this, but he said nothing.

Just then, two young girls came into the clearing. They were wearing blue robes. Behind them was an immortal girl. She wore a pink skirt with pictures of purple plums, and a red blouse. Her eyes were like stars. She greeted the four old men. Then she saw Tangseng. She told the young girls to bring tea for everyone. Then she sat next to Tangseng, very close to him. She leaned towards him and whispered, "So, you are the guest who arrived yesterday evening! Will you give me one of your beautiful poems?"

Tangseng could not find words to reply to her. She continued, "What's the matter with you? If you don't want to have fun with me tonight, what are you waiting for? Life is short, let's do it now!"

Still, Tangseng could not speak. Lord Lonely Upright said, "This holy monk has found the Way. He would not do anything improper. If the Apricot Fairy is willing, the two of them can be married right here and now."

Now Tangseng's face turned red. He jumped up and shouted, "You are all monsters, trying to lead me off the path of the Buddha. I am happy to recite poetry with you and drink tea, but I refuse to do this!"

The four old men listened to him but said nothing. But the

little red-haired demon said coldly, "Apricot Fairy is my sister. What's wrong with her? You don't like her? You are making a mistake. You know, we might get angry. If we get angry, we will make sure you never leave this place, never marry, and never be a monk. Your life will be for nothing."

Tangseng realized that he was in serious trouble. Just then he heard Sun Wukong, Zhu and Sha calling his name. He shouted, "Disciples, here I am! Help me!"

As soon as he said this, the four old men, the beautiful woman and the little demon all disappeared. Tangseng told the disciples what happened. Sun Wukong looked around. At the edge of the clearing he saw a big juniper tree, an old cypress tree, an old pine tree, and an old bamboo tree. Behind the bamboo tree was a red maple tree. And nearby was an old apricot tree.

"I think I have found your demons," said Sun Wukong. "The Eighteenth Squire is the pine tree. Lord Lonely Upright is the cypress tree. The Master of the Void is the juniper tree. Ancient Cloud Toucher is the bamboo tree. The little red haired demon is the maple tree. And the Apricot Fairy is the apricot tree. Your friends were the spirits of these trees, but during their thousand years they became confused. They are no longer kind, they have become dangerous. "

Zhu heard this, and immediately rushed forward, holding his rake high above his head. He smashed the rake down, knocking all the trees to the ground. Tangseng tried to stop him, but Sun Wukong said, "Master, let go of your kind feelings towards these demons. If we don't do this now, they will only become more dangerous later." And so, Tangseng watched as Zhu smashed the trees into small sticks.

When he was finished, the disciples helped Tangseng up on his horse. They were close to the edge of the field of brambles. Zhu said the magic words and became big again. He finished clearing a path so that the travelers could escape the brambles. They found the road again, and resumed their journey to the west.

Proper Nouns

These are all the Chinese proper nouns used in this book.

Pinyin	Chinese	English
Bàbō Er Bēn	灞波儿奔	Bubble Busy
Bēnbō Er Bà	奔波儿灞	Busy Bubble
Èrláng	二郎	Erlang
Fú Lóng Sì	伏龙寺	Defeated Dragon Monastery
Fú Yún Sǒu	拂云叟	Ancient Cloud Toucher
Gū Zhí Gōng	孤直公	Lord Lonely Upright
Guānyīn	观音	Guanyin
Huāguǒ Shān	花果山	Flower Fruit Mountain
Jīn Shān	金山	Golden Mountain
Jīngjí Lǐng	荆棘岭	Bramble Ridge
Jīnguāng Sì	金光寺	Golden Light Monastery
Jìsài Wángguó	祭赛王国	Sacrifice Kingdom
Jiǔ Tóu	九头	Nine Heads
Juǎn Lián Dàjiàng	卷帘大将	Curtain Raising Captain
Líng Kòngzi	凌空子	Master of the Void
Lǜ Bō Xièhú	绿波泻湖	Green Wave Lagoon
Méishān	梅山	Plum Mountain
Niú Mówáng	牛魔王	Bull Demon King
Qí Tiān Dà Shèng	齐天大圣	Great Sage Equal to Heaven
Shā (Wùjìng)	沙 (悟净)	Sha Wujing
Shíbā Gōng	十八公	Eighteenth Squire
Sūn Wùkōng	孙悟空	Sun Wukong
Táng	唐	Tang
Táng Dìguó	唐帝国	Tang Empire
Tángsēng	唐僧	Tangseng
Tiānpéng Yuánshuài	天蓬元帅	Marshal of Heavenly Reeds

Wànshèng Lóngwáng	万圣龙王	All Saints Dragon King
Wǔ Fèng Tǎ	五凤塔	Five Phoenix Tower
Xī Wángmǔ Niángniáng	西王母娘娘	Queen Mother of the West
Xìng Xiān	杏仙	Apricot Fairy
Yìndù	印度	India
Yùhuáng Dàdì	玉皇大帝	Jade Emperor
zhōngguó	中国	China
Zhū (Bājiè)	猪(八戒)	Zhu Bajie

Glossary

These are all the Chinese words (other than proper nouns) used in this book.

Pinyin	Chinese	English
a	啊	what
āi	挨	to lean
āijìn	挨近	close to
àn	岸	shore
àn biān	岸边	shore
ānjìng	安静	quiet
ānquán	安全	safety
ba	吧	(indicates assumption or suggestion)
bá	拔	to pull
bǎ	把	(measure word for gripped objects)
bǎ	把	(preposition introducing the object of a verb)
bā	八	eight
bàba	爸爸	dad
bái	白	white
bài	拜	to worship
bǎi	百	hundred
báitiān	白天	day, daytime
bàn	半	half
bànfǎ	办法	method
bàng	棒	rod, cudgel, wonderful
bǎng	绑	to tie
bāng (zhù)	帮(助)	to help
bāngshǒu	帮手	helper
bǎobèi	宝贝	treasure, baby
bàogào	报告	report

bǎotǎ	宝塔	pagoda
bāowéi	包围	to encircle
bǎozuò	宝座	throne
bǎshǒu	把手	handle
bàzi	耙子	rake
bèi	被	(passive particle)
bēi	杯	cup, glass
bǐ	比	compared to, than
bī	逼	to force, to close in
bì (kāi)	避(开)	to avoid
biàn	变	to change
biān	边	side
biànchéng	变成	become
biānjiè	边界	boundary
bié	别	do not
biéde	别的	other
bīng	冰	ice
bìxià	陛下	his majesty
bìxū	必须	must
bóshù	柏树	cypress tree
bù	布	cloth
bù	不	no, not, do not
bù hǎoyìsi	不好意思	feel embarassed
búcuò	不错	good
búxìng	不幸	unfortunately
cái	才	only
cǎi	彩	color
cáinéng	才能	can only, ability, talent
cāiquán	猜拳	guess fist (a game)
cáng	藏	to hide
cānjiā	参加	to participate

céng	层	(measure word for a layered object)
chá	茶	tea
cháng	長	long
chǎng	场	(measure word for public events)
chàng (gē)	唱(歌)	to sing
chángshēng	长生	longevity
chē	车	cart or car
chéng (shì)	城(市)	city
chéng (wéi)	成(为)	to become
chéngfá	惩罚	punishment
chēngzàn	称赞	to praise
chènshān	衬衫	shirt
chǐ	尺	Chinese foot
chī (fàn)	吃(饭)	to eat
chījīng	吃惊	to be surprised
chōng	冲	to rise up, to rush, to wash out
chǒu	丑	ugly
chù	处	location
chū	出	out
chuān	穿	to wear
chuān (guò)	穿(过)	to pass through
chuān shàng	穿上	to put on
chuáng	床	bed
chuāng (hù)	窗(户)	window
chuàngzuò	创作	to create
chúfēi	除非	unless
chuī	吹	to blow
chūshēng	出生	born
chūxiàn	出现	to appear
cì	次	next in a sequence
cóng	从	from

cōngmíng	聪明	clever
cuò	错	mistaken
dà	大	big
dǎ	打	to hit, to play
dà shèng	大圣	great sage
dǎbài	打败	defeat
dàchén	大臣	minister
dàdì	大地	earth
dàdiàn	大殿	main hall
dài	带	to carry, to lead
dàizi	带子	band, belt, ribbon
dàjiā	大家	everyone
dàjiàng	大将	general
dǎkāi	打开	open
dǎliè	打猎	hunt
dàn (shì)	但(是)	but, however
dāng	当	when
dǎng (zhù)	挡(住)	to block
dāngrán	当然	certainly
dānxīn	担心	worry
dào	道	path, way, Dao, to say
dào	到	to arrive, towards
dǎo	倒	to fall, to pour
dāo	刀	knife
dǎsǎo	打扫	to sweep, to clean
dàwáng	大王	king
dǎzhuàn	打转	spin around
de	地	(adverbial particle)
de	的	of
dé	得	(particle showing degree or possibility)
dédào	得到	to get

dehuà	的话	if
děng	等	to wait
dēngguāng	灯光	light
dēnglóng	灯笼	lantern
di	地	land
dì	第	(prefix before a number)
dǐ	底	bottom
diàn	殿	hall
diǎn	点	point, hour
diǎn (diǎn) tóu	点(点)头	to nod
diào	掉	to fall, to drop, to lose
dìfāng	地方	local, place
dìguó	帝国	empire
dìmiàn	地面	ground
dǐng	顶	top, (measure word for things with tops)
dírén	敌人	enemy
diū	丢	to throw
dòng	栋	(measure word for buildings, houses)
dòng	洞	cave, hole
dǒng	懂	to understand
dōng	东	east
dōngtiān	冬天	winter
dōngxi	东西	thing
dōu	都	all
dú	读	to read
dǔ	赌	bet
duàn	段	(measure word for sections)
duǎn	短	short
duì	对	correct, towards someone
duìmiàn	对面	opposite

dùn	顿	(measure word for non-repeating actions)
duǒ	躲	to hide
duō	多	many
dùzi	肚子	abdomen
èmó	恶魔	evil demon
en, èn	嗯	well, um
èr	二	two
érzi	儿子	son
fà	髮	hair
fā (chū)	发(出)	to send out
fāguāng	发光	glowing
fǎlìng	法令	decree
fān	翻	to turn
fāndòng	翻动	to flip
fàng	放	to put, to let out
fāng (xiàng)	方(向)	direction
fángjiān	房间	room
fàngsōng	放松	relax
fàngxià	放下	to lay down
fángzi	房子	house
fāshēng	发生	to occur
fāxiàn	发现	to find out
fēi	飞	to fly
fēicháng	非常	very much
fēn (zhōng)	分(钟)	minute
fēng	峰	peak
fēng	风	wind
fēng shù	枫	maple
fěnhóng (sè)	粉红(色)	pink
fēnkāi	分开	separate

fènnù	愤怒	anger
fó	佛	Buddha
fózǔ	佛祖	Buddhist teacher
fùjìn	附近	nearby
fùzé	负责	be responsible for
gài	盖	cover, to cover
gāi	该	ought to
gǎi (biàn)	改(变)	to change
gǎn	敢	to dare
gān	干	dry, to dry
gāng (cái)	刚(才)	just, just a moment ago
gānggāng	刚刚	just
gānjìng	干净	clean
gǎnxiè	感谢	to thank
gāo	糕	cake
gāo	高	high
gàosù	告诉	to tell
gāoxìng	高兴	happy
gè	个	(measure word, generic)
gēge	哥哥	elder brother
gěi	给	to give
gēn	根	(measure word for long thin things)
gēn (zhe)	跟(着)	with, to follow
gèng	更	more
gēng	更	watch (2-hour period)
gong (diàn)	宫(殿)	palace
gōngdé	功德	merit
gōngjī	攻击	to attack
gōngjiàn	弓箭	bow and arrow
gòngpǐn	贡品	tribute
gōngzhǔ	公主	princess

gǒu	狗	dog
gǔ	古	ancient
gǔ (tóu)	骨(头)	bone
guǎfù	寡妇	widow
guān	关	to turn off, to close
guāng	光	light
guānghuá	光滑	smooth
guānyú	关于	about
guānyuán	官员	official
gūdú	孤独	lonely
guì	桧	cypress
guì	跪	to kneel
guò	过	to pass, (after verb to indicate past tense)
guō	锅	pot
guó (jiā)	国(家)	country
guò yīhuǐ'er	过一会儿	after a while
guówáng	国王	king
gùshì	故事	story
hái	还	still, also
hǎi	海	ocean, sea
hàipà	害怕	fear
háishì	还是	still is
háizi	孩子	child
hǎn (jiào)	喊(叫)	to call, to shout
hǎo	好	good
hé	和	and, with
hè	鹤	crane
hē	喝	to drink
hēi (sè)	黑色	black
héliú	河流	river

hěn	很	very
héng	横	horizontal
héshàng	和尚	monk
héxié	和谐	harmonious
hézi	盒子	box
hóng (sè)	红(色)	red
hòu	后	after, back, behind
hòulái	后来	later
hòumiàn	后面	behind
hóuzi	猴子	monkey
hú	壶	pot
hǔ	虎	tiger
hú (lí)	狐(狸)	fox
huà	化	to melt
huà	画	to paint, painting
huà	话	word, speak
huā	花	flower
huài	坏	bad
huán	环	ring
huán	还	to return
huángdì	皇帝	emperor
huāpíng	花瓶	vase
huàxiàng	画像	portrait
hùchénghé	护城河	moat
huí	回	to return
huì	会	will, to be able to
huī	灰	gray, dust, ash
huī	挥	wave
huídá	回答	reply
huó	活	to live
huǒ	火	fire

huò (zhě)	或（者）	or
huózhe	活着	alive
jǐ	戟	halberd
jǐ	几	several
jiā	家	family, home
jiā	加	plus, to add
jiàn	件	(measure word for clothing, matters)
jiàn	箭	arrow
jiàn	建	to build
jiān	间	(measure word for room)
jiān	尖	pointed, tip
jiān	肩	shoulder
jiàn (miàn)	见（面）	to see, to meet
jiǎnchá	检查	examination
jiǎng	讲	to speak
jiāng	将	shall
jiànkāng	健康	healthy
jiānyù	监狱	prison
jiào	叫	to call, to yell
jiǎo	脚	foot
jiāo (huì)	教（会）	to teach
jiāochā	交叉	to cross
jiàoxǐng	叫醒	to wake up
jiàozi	轿子	sedan chair
jiārén	家人	family, family members
jiē	接	to meet
jiēdào	街道	street
jiéhūn	结婚	to marry
jiějie	姐姐	older sister
jiējìn	接近	close to
jiějué	解决	to solve, settle, resolve

jiěshì	解释	to explain
jiéshù	结束	end, finish
jìhuà	计划	plan
jīhuì	机会	opportunity
jìn	近	close
jǐn	紧	tight
jìn (rù)	进(入)	to enter
jīn (zi)	金(子)	gold
jǐn gēn	紧跟	to follow closely
jìng	静	quiet
jīng	精	spirit
jīngguò	经过	after, through
jīngjí	荆棘	brambles, thorns
jìngjiǔ	敬酒	to toast
jīngshū	经书	scripture, holy book
jìngzuò	静坐	to sit still, to meditate
jíshǐ	即使	even though
jiù	就	just, right now
jiù	旧	old
jiù	救	to save, to rescue
jiǔ	久	long
jiǔ	九	nine
jiǔ	酒	wine, liquor
jiǔdiàn	酒店	hotel, inn
jìxù	继续	continue
jù	句	(measure word for word, sentence)
jù (dà)	巨(大)	huge
jǔ (qǐ)	举(起)	to lift
juédìng	决定	to decide
jūgōng	鞠躬	to bow down
jùjué	拒绝	to refuse

jūnduì	军队	army
jǔxíng	举行	to hold
kāi	开	to open
kāishǐ	开始	to begin
kāixīn	开心	happy
kàn	看	to look
kàn kàn	看看	have a look
kàn shàngqù	看上去	it looks
kànjiàn	看见	to see
kè	刻	to carve
kē	颗	(measure word for small objects)
kē	棵	(measure word for trees, vegetables, some fruits)
kělián	可怜	pathetic
kěnéng	可能	maybe
kěpà	可怕	frightening, terrible
kèrén	客人	guest
kētóu	磕头	to kowtow
kěyǐ	可以	can
kòngdì	空地	clearing
kōngqì	空气	air
kòutóu	叩头	to kowtow
kū	哭	to cry
kuài	快	fast
kuān	宽	width
kǔn	捆	bundle
kùnhuò	困惑	confused
lā	拉	to pull
lái	来	to come
láihuí	来回	a round, back and forth
lán (sè)	蓝 (色)	blue

làng	浪	wave
lánzi	篮子	basket
lǎo	老	old
lǎohǔ	老虎	tiger
le	了	(indicates completion)
lèi	累	tired
lěng	冷	cold
lěngjìng	冷静	calm
lǐ	里	Chinese mile
lí	离	away from, to leave
lǐ (miàn)	里(面)	inside
lián	连	even, to connect
liàn	链	chain
liǎn	脸	face
lián (huā)	莲(花)	lotus
liáng	凉	cool
liàng	亮	bright
liǎng	两	two
lìhài	厉害	amazing, powerful
líkāi	离开	leave
lìliàng	力量	strength
lìng	另	other, another
línjū	邻居	neighbor
liú	留	to keep, to leave behind, to stay
liù	六	six
lǐzi	李子	plum
lóng	龙	dragon
lóu	楼	floor (of a building)
lù	路	road
lǜ (sè)	绿(色)	green
lùshuǐ	露水	dew

lǚtú	旅途	journey
ma	吗	(indicates a question)
mǎ	马	horse
máfan	麻烦	trouble
māma	妈妈	mother
mǎn	满	full
máng	忙	busy
mǎnyì	满意	satisfaction
màozi	帽子	hat
mǎshàng	马上	immediately
méi	没	no, not have
měi	每	every
měi (lì)	美(丽)	beautiful
méiyǒu	没有	no, not have
méiyǒu guānxì	没有关系	it doesn't matter
men	们	(indicates plural)
mén	门	door
mèng	梦	dream
mì mì	秘密	secret
miàn	面	side, surface, noodles
miè	灭	to extinguish
mǐfàn	米饭	cooked rice
míng (zì)	名(字)	first name, name
míngbái	明白	clear
míngliàng	明亮	bright
mìnglìng	命令	command
míngtiān	明天	tomorrow
mìngyùn	命运	destiny
mó (fǎ)	魔(法)	magic
mó (lì)	魔(力)	magic
mógū	蘑菇	mushroom

móguǐ	魔鬼	demon
móshù shī	魔术师	magician
ná	拿	to take
nà	那	that
nàlǐ	那里	there
nǎlǐ	哪里	where
nàme	那么	so
nán	难	difficult
nàxiē	那些	those ones
nàyàng	那样	that way
ne	呢	(indicates question)
néng	能	can
nénggòu	能够	able to, capable of
nǐ	你	you
nián	年	year
niàn	念	read
niánlíng	年龄	age
niánqīng	年轻	young
niǎo	鸟	bird
niú	牛	cow, bull
nòng qīng	弄清	figure out
nóngfū	农夫	farmer
nǚ'ér	女儿	daughter
nǚhái	女孩	girl
nǚxù	女婿	son in law
ó, ò	哦	oh?, oh!
pá	爬	to climb
pà	怕	afraid
pāi (dǎ)	拍(打)	to tap
pán	盘	plate
páng (biān)	旁(边)	beside

pángxiè	螃蟹	crab
pánzi	盘子	plate
pǎo	跑	to run
páoxiāo	咆哮	to roar
pèng	碰	to touch
péngyǒu	朋友	friend
pí	皮	leather, skin
piàn	片	(measure word for flat objects)
piàn (shù)	骗(术)	to trick, to cheat
piāo (zǒu)	漂(走)	to drift away
piàoliang	漂亮	pretty
pífū	皮肤	human skin
píng	平	flat
pínghéng	平衡	balance
pùbù	瀑布	waterfall
púrén	仆人	servant
púsà	菩萨	bodhisattva, buddha
qí	骑	to ride
qì	气	gas, air, breath
qǐ	起	from, up
qī	七	seven
qián	钱	money
qián	前	side, in front, before
qiān	千	thousand
qiān (shǔ)	签(署)	sign
qiáng	墙	wall
qiáng (dà)	强(大)	strong, powerful
qiángjiǎo	墙角	corner
qiángyìng	强硬	tough, strong
qiánzi	钳子	claw of a non-mammal; pliers
qiáo	桥	bridge

qiāoqiāo	悄悄	quietly
qídǎo	祈祷	prayer
qiè	切	to cut
qiēduàn	切断	cut off
qíguài	奇怪	strange
qǐlái	起来	(after verb, indicates start of an action)
qīn'ài	亲爱	dear
qǐng	请	please
qīng	轻	lightly
qīng (chǔ)	清(楚)	clear
qǐngqiú	请求	request
qǐngwèn	请问	excuse me
qīngxǐ	清洗	to cleanse
qīnqi	亲戚	relative
qióng	穷	poverty
qíshí	其实	in fact
qítā	其他	other
qiú	球	ball
qiú	求	to beg
qiūtiān	秋天	autumn
qízhōng	其中	among them
qīzi	妻子	wife
qù	去	to go
qǔ	取	to take
quán	全	complete
quèbǎo	确保	to make sure
qún	群	group, (measure word for group)
qúnzi	裙子	kilt, skirt
ràng	让	to let, to cause
ránhòu	然后	then
ránshāo	燃烧	burning

rè	热	hot
rén	人	person, people
rèn	认	to know, to recognize
réncí	仁慈	kindness
rēng	扔	to throw
rènhé	任何	any
rènzhēn	认真	serious
rì (zi)	日(子)	day, days of life
róngyì	容易	easy
róngyù	荣誉	honor
ròu	肉	meat, flesh
rúguǒ	如果	if, in case
sān	三	three
sàozhǒu	扫帚	broom
sēng (rén)	僧(人)	monk
shā	杀	to kill
shān	山	mountain
shàn (zi)	扇(子)	fan
shàng	上	on, up
shāng (hài)	伤(害)	hurt
shāngǔ	山谷	valley
shàngyī	上衣	skirt
shǎo	少	less
shāo	烧	to burn
shè	射	to shoot, to emit
shén	神	spirit, god
shēng (huó)	生(活)	life
shèng (rén)	圣(人)	saint, holy sage
shēng (yīn)	声(音)	sound
shèng xià	剩下	remain
shēngmìng	生命	life

shēngqì	生气	angry
shēngwù	生物	animal, creature
shéngzi	绳子	rope
shēnhòu	身后	behind
shénme	什么	what
shénqí	神奇	magical
shénshè	神社	shrine
shēntǐ	身体	body
shénxiān	神仙	immortal
shēnyè	深夜	late at night
shí	十	ten
shì	是	is, yes
shì	试	to taste, to try
shī (gē)	诗(歌)	poetry
shí (hòu)	时(候)	time, moment, period
shì (qing)	事(情)	thing
shí (tou)	石(头)	stone
shìbīng	士兵	soldier
shīfu	师父	master
shíjiān	时间	time
shìjiè	世界	world
shītǐ	尸体	dead body
shìwèi	侍卫	to guard
shíwù	食物	food
shīzi	狮子	lion
shǒu	首	(measure word for music, poems)
shǒu	手	hand
shǒu zhǐ	手指	finger
shǒubì	手臂	arm
shòudào	受到	suffer
shǒulǐng	首领	chief, leader

shǒushì	手势	gesture
shǒuwèi	守卫	guard
shǒuzhǎng	手掌	palm
shù	束	bundle
shù	树	tree
shū	书	book
shū	输	to lose
shuāng	双	a pair
shuāng	霜	frost
shūcài	蔬菜	vegetable
shuǐ	水	water
shuī	谁	who
shuì (jiào)	睡(觉)	to sleep
shuǐguǒ	水果	fruit
shuō (huà)	说(话)	to say
shùzhī	树枝	branches
sì	四	four
sǐ	死	die
sì (miào)	寺(庙)	temple
sīchóu	丝绸	silk
sìzhōu	四周	all around
sòng (gěi)	送(给)	to give a gift
sōng kāi	松开	to release
sōngshù	松树	pine tree
suì	碎	to break up
sūnzi	孙子	grandson
suǒ	锁	lock
suǒliàn	锁链	chain
suǒyǐ	所以	so
suǒyǒu	所有	all
sùshí	素食	vegetarian food

tǎ	塔	tower
tā	他	he, him
tā	它	it
tā	她	she, her
tái	抬	to lift
tài	太	too
tàiyáng	太阳	sunlight
tán	谈	to talk
tāng	汤	soup
táo	逃	to escape
tào	套	set
táopǎo	逃跑	to run away
téngwàn	藤蔓	vine
tiān	天	day, sky
tiāndì	天地	heaven and earth
tiānkōng	天空	sky
tiānshàng	天上	heaven
tiáo	条	(measure word for narrow, flexible things)
tiào	跳	to jump
tiě	铁	iron
tīng	听	to listen
tíng (zhǐ)	停(止)	stop
tīng shuō	听说	it is said that
tóng	同	same
tōng	通	pass
tòng (kǔ)	痛(苦)	suffering
tōng xiàng	通向	lead to
tōngguān wénshū	通关文书	travel rescript
tóngshí	同时	in the meantime
tóngyì	同意	to agree

tǒngzhì zhě	统治者	ruler
tóu	头	head
tōu	偷	to steal
tóufà	头发	hair
tóunǎo	头脑	mind
tǔ	土	dirt, earth
túdì	徒弟	apprentice
tǔdì	土地	land
tuì	退	retreat
tuī	推	to push
tuō	拖	to drag
tuō (xià)	脱（下）	to take off (clothes)
tùzi	兔子	rabbit
wài	外	outer
wán	完	to finish
wán	玩	to play
wàn	万	ten thousand
wǎn	碗	bowl
wǎn	晚	night
wān	弯	to bend
wánchéng	完成	to complete
wǎnfàn	晚饭	dinner
wáng	王	king
wǎng	往	to
wàng (jì)	忘（记）	to forget
wǎng qián	往前	forward
wángguó	王国	kingdom
wánghòu	王后	queen
wǎnshàng	晚上	night
wàzi	袜子	sock
wèi	位	(measure word for people, polite)

wèi	为	for
wéi (zhù)	围（住）	encircle, surround
wěidà	伟大	great
wèile	为了	in order to
wèishénme	为什么	why
wéixiǎn	危险	danger
wèn	问	to ask
wènhǎo	问好	to say hello
wèntí	问题	problem, question
wǒ	我	I, me
wù	雾	fog
wǔ	五	five
wúchǐ	无耻	wretched
wùqì	雾气	mist
wǔqì	武器	weapon
xī	溪	stream, creek
xī	西	west
xià	下	down, under
xià	吓	to scare
xià qí	下棋	to play chess
xià yībù	下一步	next step
xiān	先	first
xiān	仙	immortal, celestial being
xiàng	像	like, to resemble
xiàng	向	towards
xiǎng	想	to want, to miss, to think of
xiāng	香	fragrant, incense
xiǎng yào	想要	would like to
xiǎngdào	想到	to think
xiǎngshòu	享受	to enjoy
xiāngtóng	相同	the same

xiāngxìn	相信	to believe, to trust
xiānnǚ	仙女	fairy, female immortal
xiànzài	现在	now
xiào	笑	to laugh
xiǎo	小	small
xiǎolù	小路	path
xiǎoshí	小时	hour
xiāoshī	消失	to disappear
xiǎotōu	小偷	thief
xiǎoxīn	小心	to be careful
xié	鞋	shoe
xiē	些	some
xié'è	邪恶	evil
xièhú	泻湖	lagoon
xièxiè	谢谢	thank you
xǐhuān	喜欢	to like
xīn	心	heart, mind
xīn	新	new
xíng	行	to travel, to walk, OK
xìng	杏	apricot
xíngchéng	形成	to form
xīngqí	星期	week
xīngxīng	星星	star
xíngzǒu	行走	to walk
xìnxī	信息	information
xīnyuàn	心愿	wish
xiōngdì	兄弟	brother
xiūxi	休息	to rest
xīwàng	希望	to hope
xǐzǎo	洗澡	to bathe
xuǎn (zé)	选 (择)	to select

xǔduō	许多	many
xuě	雪	snow
xué (xí)	学(习)	to learn
xuè, xuě	血	blood
xūyào	需要	to need
yá (chǐ)	牙(齿)	tooth, teeth
yàn (huì)	宴(会)	feast, banquet
yǎn (jīng)	眼(睛)	eye
yáng	阳	masculine principle in Taoism
yàngzi	样子	to look like, appearance
yánzhe	沿着	along
yào	要	to want
yǎo	咬	to bite, to sting
yáo (dòng)	摇(动)	to shake or twist
yāodài	腰带	belt
yàofàn	要饭	to beg for food
yāoguài	妖怪	monster
yāoqǐng	邀请	to invite
yāoqiú	要求	to request
yè	夜	night
yě	也	also, too
yè (zi)	叶(子)	leaf
yéye	爷爷	grandfather
yī	一	one
yī (fu)	衣(服)	clothes
yì (si)	意(思)	meaning
yí yàng	一样	same
yíbiàn	一遍	once again
yídìng	一定	must
yǐhòu	以后	after
yīhuǐ'er	一会儿	a while

yǐjīng	已经	already
yīn	阴	feminine principle in Taoism
yíng	赢	to win
yíngdì	营地	camp
yīnggāi	应该	should
yīnwèi	因为	because
yīnyǐng	阴影	shadow
yìqǐ	一起	together
yǐqián	以前	before
yíqiè	一切	all
yìshēng	一生	lifetime
yìshùjiā	艺术家	artist
yǐwéi	以为	to think, to believe
yíxià	一下	a bit, a short quick action
yìxiē	一些	some
yìzhí	一直	always, continuously
yǐzi	椅子	chair
yòng	用	to use
yǒngyuǎn	永远	forever
yóu	由	from, by, because of
yóu	游	to tour
yòu	又	again, also
yòu	右	right (direction)
yǒu	有	to have
yǒudiǎn	有点	a little bit
yǒulì	有力	powerful
yóurén	游人	traveler, tourist
yǒushí	有时	sometimes
yóuxì	游戏	game
yǒuyòng	有用	useful
yú	鱼	fish

yù	玉	jade
yǔ	雨	rain
yǔ	语	words, language
yù (dào)	遇(到)	encounter, meet
yuǎn	远	far
yuàn (yì)	愿(意)	willing
yuǎnlí	远离	keep away
yuánquān	圆圈	circle
yuè (liang)	月(亮)	month, moon
yúlín	鱼鳞	fish scales
yǔmáo	羽毛	feather
yún	云	cloud
yùnqì	运气	luck
zá (suì)	砸(碎)	to smash
zài	再	again
zài	在	in, at
zàijiàn	再见	goodbye
zànglǐ	葬礼	funeral
zǎochén	早晨	morning
zàochéng	造成	cause
zǎoshang	早上	morning
zěnme	怎么	how
zěnme bàn	怎么办	how to do
zěnmele	怎么了	what happened
zhàn	战	fight, war
zhàn	站	to stand
zhàndòu	战斗	fighting
zhǎng	长	to grow
zhāng	张	(measure word for pages, flat objects)
zhāng	章	chapter
zhǎng mǎn	长满	overgrown

zhàngfū	丈夫	husband
zhàngpéng	帐篷	tent
zhànshì	战士	warrior
zhào	照	according to
zhǎo	找	to search for
zhào liàng	照亮	illuminate
zhǎodào	找到	turn up
zhāojí	着急	in a hurry
zhe	着	(indicates action in progress)
zhè	这	this
zhèlǐ	这里	here
zhème	这么	so
zhèn	阵	(measure word for short-duration events)
zhēn	真	true, real
zhèng	正	correct, just
zhěng	整	all, entire
zhèng zài	正在	(-ing)
zhèngzhí	正直	upright
zhēnshi	真是	really
zhēnxiàng	真相	the truth
zhèxiē	这些	these ones
zhèyàng	这样	such
zhí	直	straight
zhǐ	只	only
zhī	枝	branch
zhī	之	of
zhī	只	(measure word)
zhì (huì)	智(慧)	wisdom
zhídào	直到	until
zhīdào	知道	to know

zhīhòu	之后	later
zhīqián	之前	before
zhìshǎo	至少	at least
zhīshì	知识	knowledge
zhòng	种	to plant
zhōng	中	in, middle
zhōngjiān	中间	middle
zhú	竹	bamboo
zhù	住	to live, to hold
zhū	猪	pig
zhù (zi)	柱(子)	pillar, post
zhuā (zhù)	抓(住)	to arrest, to grab
zhuǎn	转	to turn
zhuāng	装	to fill
zhuǎnshēn	转身	turn around
zhuǎnxiàng	转向	turn to
zhūbǎo	珠宝	jewelry
zhuī	追	to chase
zhǔnbèi	准备	ready, prepare
zhuō (zi)	桌(子)	table
zhùyì	注意	notice
zhǔyì	主意	idea, plan, decision
zì	字	written character
zǐ (sè)	紫(色)	purple
zìjǐ	自己	oneself
zǐxì	仔细	carefulness
zǒu	走	to go, to walk
zuànshí	钻石	diamond
zúgòu	足够	enough
zuì	最	the most
zuǐ	嘴	mouth

zuì hǎo	最好	the best
zuìhòu	最后	last, at last
zuìjìn	最近	recent
zuìxíng	罪行	crime
zūn (jìng)	尊(敬)	respect
zuò	座	(measure word for mountains, temples, big houses, ...)
zuò	做	to do
zuò	坐	to sit
zuǒ	左	left (direction)
zuótiān	昨天	yesterday
zǔzhǐ	阻止	to stop, to prevent

About the Authors

Jeff Pepper (author) is President and CEO of Imagin8 Press, and has written dozens of books about Chinese language and culture. Over his thirty-five year career he has founded and led several successful computer software firms, including one that became a publicly traded company. He's authored two software related books and was awarded three U.S. patents.

Dr. Xiao Hui Wang (translator) has an M.S. in Information Science, an M.D. in Medicine, a Ph.D. in Neurobiology and Neuroscience, and 25 years experience in academic and clinical research. She has taught Chinese for over 10 years and has extensive experience in translating Chinese to English and English to Chinese.

www.ingramcontent.com/pod-product-compliance
Lightning Source LLC
Chambersburg PA
CBHW072012110526
44592CB00012B/1279